教職員の制作物を
アップデートする

白黒でも伝わるデザイン

megkmit 著

学事出版

はじめに

先生業をしていると、分かりやすく伝えることが
必要になるシーンの連続ではないでしょうか。

この本を手に取ってくださったあなたもきっと、仕事の中で声色や
声量、話すテンポに変化をつけたり、ジェスチャーを交えたり...と、
さまざまな工夫をしていると思います。

さて、板書・掲示・資料・おたより等の制作物、これらを通して伝えるときにも、
口頭説明と同じような"伝えるための工夫"をしていますか？

編集ソフトやCanvaなどのツールを使えば、
簡単にデザインができる時代になりました。
しかし誰もが手軽に華やかなものが作れる一方で、デザインのノウハウ無しに使うと、
いとも簡単に見づらく分かりにくいものが完成してしまいます。

本書ではデザイナーと教員両方の経験を持つ私megkmit（めぐみっと）が、
まだまだ白黒印刷が主流の学校現場で取り入れやすい
デザインの基礎をお届けします。
ぜひ今日から役立ててみてください。
伝わった！という喜びを一緒に味わってもらえたら嬉しいです。

megkmit

本書の使い方

本書は学校現場で実際に制作する機会の多いおたより、掲示物、配布物、授業資料、板書を作例にして、デザイン的に工夫できるポイントや考え方、デザインの基本を解説しています。ソフトウェアの操作解説書ではなく、あくまで使用するOSやソフトウェアに関わらず、より良く制作物を仕上げるために共通するようなアイディアや基礎知識を紹介したものです。

● 難易度目安

「スグできる！」はポイントを意識すれば、すぐに取り組めるような項目、「かんたん！」はデザインの基礎知識を使って、チャレンジできるような項目です。「がんばろう」は使用するソフトウェアに対しての知識や基本操作がひと通りできる前提の項目となっています。

● BASIC

制作物を作るうえで知っておきたいデザインの基礎知識、ルールを記載しています。

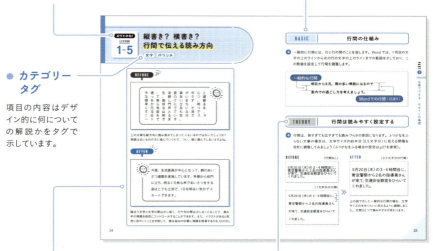

● カテゴリータグ

項目の内容はデザイン的に何についての解説かをタグで示しています。

● BEFOREデザイン／AFTERデザイン

項目に沿った作例を、BEFORE（残念なデザイン例）とAFTER（改善したデザイン例）の比較で掲載しています。

● THEORY

デザインをする上で、セオリー的に行われることを紹介しています。デザイン初心者の方におさえておいて欲しい内容から、プロのデザイナーも意識しているような内容まで幅広く記載しています。

[注意事項]

・本書に記載されている会社名、製品名などは、各社の登録商標または商標です。なお、本文中には®や™などは明記していません。
・本書で紹介しているハードウェア、ソフトウェア、その他サービスの使用方法につきましては、すべての製品、サービスが本書の手順と同様に動作することを保証するものではありません。
・本書の内容の運用によって、いかなる損害が生じても、著者および学事出版株式会社のいずれも責任を一切負いかねますことをあらかじめご了承ください。
・ハードウェア、ソフトウェア、その他サービスの操作に関するご質問は回答できかねますので、ご了承ください。
・本書に登場する人物・団体・名称はすべて架空のものであり、実在のものとは一切関係ありません。

3

CONTENTS

はじめに ……………………… 2
本書の使い方 ………………… 3
お手本にしたいGOODデザイン …… 8

COLUMN 01 今更聞けない！UDフォントの基本 …………… 12

PART 1　白黒でできる　デザインの基礎

- **1-1** フォント一択からの脱却
  のっぺり文字に変化をつけよう！ ……………… 14
- **1-2** "読みやすい"の第一歩！　フォント選びで勝ち組デザイン … 16
- **1-3** 印象を変えるカギは太さ！
  文字の強弱をコントロールしよう ……………… 20
- **1-4** 文字の印象で変化をつける！
  直観的に内容が伝わるフォント選び ……………… 22
- **1-5** 縦書き？ 横書き？　行間で伝える読み方向 ……… 24
- **1-6** 低学年向けには必須　ふりがなを味方につけよう ……… 26
- **1-7** ルールを決めて整える！　揃えを知って使いこなそう … 28
- **1-8** すっきり見えるひと工夫♪　読みやすくなる段落分け … 30
- **1-9** 改行・段組みを活用　読みやすいレイアウト案 ……… 32
- **1-10** 視線に沿ったレイアウトで　読みやすさを整える ……… 34

1-11	負担を軽減◎　あえてのワンパターンレイアウト	36
1-12	情報の優先度を整理して　読み飛ばしを予防	38
1-13	画像や文字のかたまりを意識　要素の整列で並列関係を表現！	40
1-14	情報はまとめて紐づけ　仲間はいつもそばに	42
1-15	脱！枠だらけ。　余白で情報にまとまりを	44
1-16	余白は悪なの？　余白の役割を知ろう	48
1-17	卒業しよう！　「写真で隙間埋め」	50
1-18	もう一度見直して！　文字ルール破りにご用心	52
1-19	おたよりの入り口　タイトルデザインはユニークに	54
1-20	あくまで目印　見出しデザインはシンプルに	56
1-21	足し算からのステップアップ　デザインの引き算を身につけよう！	58
1-22	期限を守ってもらうための　日付デザイン	60
1-23	実際に使うのは誰？　書き込む人を考えた記述欄作り	62
1-24	読み取りやすさが重要！　スッキリさせる表デザイン	64
1-25	複雑な情報の詰め込みはNG　分かりやすい予定表作り	66
1-26	できていますか？　見やすい当番表	68
1-27	今日から実践！　板書でチャート	70

COLUMN 02　書いて楽しい もらって嬉しい連絡メモ　72

PART 2　白黒でもできる　アレンジデザイン

- 2-1　にぎやかに盛り上げる　手書きのあしらい …… 74
- 2-2　まねするだけで簡単！　ちょこっと手書きイラスト …… 78
- 2-3　即伝わる必殺技！　アイコンの活用 …… 80
- 2-4　使い分けよう　説明イラストと装飾イラスト …… 84
- 2-5　特性を知っていいとこどり！
　　　手書きとデジタル融合のススメ …… 86
- 2-6　こんなときもあんなときも……イラストで速攻解決！ …… 88
- 2-7　STOP！　画像の奇妙なトリミング …… 90
- 2-8　事前のチェックが肝心！　規約を守ったイラスト活用 …… 94
- 2-9　囲んで目立たせる　掲示物の注目ポイント …… 96
- 2-10　飾り罫は"控えめ"セレクトが正解◎ …… 98

COLUMN 03　見やすく便利な座席表 ‥ 100

PART ❸ 白黒＋カラー使いの基本

- 3-1 ＋1色で十分！　情報を際立たせるカラー使い …… 102
- 3-2 ＋2色使いで　メリハリと意味付けを …… 106
- 3-3 複数色使いでも　まとまりよくデザインする …… 108
- 3-4 みんなに伝わる　カラーユニバーサルなデザイン …… 110
- 3-5 データまとめは　内容にあったグラフ選びから …… 114
- 3-6 グラフや表は　読み取りやすさが要！ …… 116
- 3-7 インパクト大な　オブジェクトの匙加減 …… 120
- 3-8 センス良く、読みやすく♪　統一デザインのルール …… 122
- 3-9 見やすさは大丈夫？　要素の重ね技には要注意！ …… 124

COLUMN 04　知っておきたい　画像と解像度のはなし …… 126

お手本にしたい GOODデザイン

自作しているおたよりや掲示物、授業資料など、
何年も同じものを使っていませんか？
本書では、そんな制作物をちょっとの意識や工夫で
アップデートできるデザインのコツや基本を紹介しています。
まずはお手本デザインを参考に
「見やすい、読みやすい、分かりやすい」
デザインのヒントを見つけましょう。

学年だより
スマイル

令和○年○月○日
青空小学校第2学年
No.001

☀ 進級おめでとうございます

春の訪れとともに、新しい学年がスタートしました。子どもたちの胸には、新たな夢と期待が満ちています。学年・学校の教員が一丸となり、子どもたちをサポートし、一緒に成長していく一年にします。笑顔で毎日を過ごせるよう、ご家庭でのサポートもどうぞよろしくお願いします。

☀ 担任の先生紹介・メッセージ

1年間よろしくお願いします！

1組 学年主任
あさの　ようこ
浅野　葉子

昨年度から引き続き、この学年を担当できることになりました。子どもたち一人ひとりの成長をしっかりと見つめ、がんばりを認めていきます。これから一年、また一緒に頑張りましょう！

2組
たがみ　かおる
田上　薫

はじめまして。新しく青空小に来ました、田上です。体を動かすことが大好きなので、休み時間に、体育の時間に、めいっぱい子どもたちと活動したいと思います。元気と笑顔いっぱいで頑張ります！

☀ 家庭訪問があります

家庭訪問を4月25日(月)〜29日(金)の5日間に予定しています。日程の調整は希望調査票を通して後日行います。スケジュールのご確認をお願いします。

☀ 今月の行事予定

月	火	水	木	金
		1	2 着任式 始業式	3 入学
4	5	6	7	8
11 給食開始	12 身体測定	13	14	15
18	19 歯科検診	20	21	22
25	26	27	28 家庭訪問期間	29
30	1	2	3	4

登下校の時間については別紙にてご確認ください。

📄 提出のお願い

下記の提出をお願いします。
・家庭調査票
・保健調査票
・運動器検診問診票
・耳鼻咽頭科検診問診票

締切 **4月15日(金)**

👜 持ち物

お道具袋・絵の具 身を確認して、不足のを補充した状態ください。
そのほかの持ち 記名をしっかりと 再確認をお願い

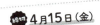

自然と視線が流れる

人が目を通す順番や、自然と視線が流れる方向には法則があります。知識を身につけ、法則に則ったレイアウトを使うことで「読みやすい！」を目指しましょう。

▶▶ **p.24** 「縦書き？　横書き？　行間で伝える読み方向」
▶▶ **p.34** 「視線に沿ったレイアウトで　読みやすさを整える」

読む人への配慮

改行のタイミングがそろっていると綺麗に見えますね。読みやすさに直結する改行や段落分けを一度おさらいしてみましょう。

▶▶ **p.30** 「すっきり見えるひと工夫♪　読みやすくなる段落分け」
▶▶ **p.32** 「改行・段組みを活用　読みやすいレイアウト案」

読む気が起こる秘策

1度も目を通さずに捨てられてしまうおたより…。そんな悲劇が起きないように、読み始めを後押しするようなテクニックを実践しましょう！

▶▶ **p.36** 「負担を軽減◎　あえてのワンパターンレイアウト」
▶▶ **p.38** 「情報の優先度を整理して　読み飛ばしを予防」

私たちができるSDGs

S D Gs
Sustainable　Development　Goals

持続可能な17の開発目標

世界から貧困をなくす　　不平等を減らす　　気候変動への対策をとる　など

見やすく感じるのはどうして？

パッと見で「見やすい！」と感じる資料は、興味が沸きやすくなったり理解しやすくなったりといいことだらけ。秘訣はどこにあるのでしょう？

>> **p.40** 「画像や文字のかたまりを意識　要素の整列で並列関係を表現！」
>> **p.42** 「情報はまとめて紐づけ　仲間はいつもそばに」
>> **p.80** 「即伝わる必殺技！　アイコンの活用」

真似したくなるまとまり感

ネットやSNSを眺めていると、素敵な掲示がたくさん目に入ります。憧れの掲示に近づくにはどうしたら良いのでしょう？

>> p.62 「実際に使うのは誰？　書き込む人を考えた記述欄作り」

>> p.108 「複数色使いでも　まとまりよくデザインする」

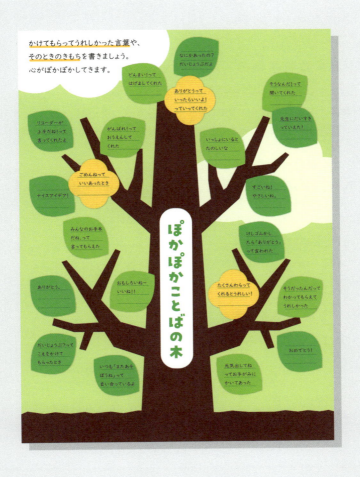

COLUMN 01

今更聞けない！
UDフォントの基本

多くの教科書にも採用されているUDフォント。公共施設や、駅、病院などでも見かけることが増えてきました。個人によって異なる文字の見え方や見えにくさがあることを知り、読みやすさへの理解と配慮を深めましょう。

[UDフォントってなぁに？]

UDは「ユニバーサルデザイン」の頭文字で、UDフォントとは誰もが読みやすいように設計されたフォントのことです。

[UDデジタル教科書体のススメ]

Windows10 Fall Creators Update以降のWindowsには標準搭載されているUDデジタル教科書体。学習指導要領に準拠した字形（文字の見た目・形）を読みやすく誤読しづらいデザインに仕上げてあるので、子どもへの配布物の使用にぴったりです。

▶ UDデジタル教科書体を使うメリット

- ロービジョンやディスレクシア等への配慮もされているので、読字に困難がある子への手助けとなることがあります。
- 硬筆で書いたような字形なので書字の学習で混乱が起きづらいです。

ただ、UDフォントを使いさえすれば見やすくなったり、読みやすくなったりすることが確約される訳ではありません。以下のことや本書の続きで紹介する内容に注意して扱ってくださいね。

▶ UDフォントを使うときの注意点

潰さない・伸ばさない

無理な変形を施してはせっかくの読みやすさが台無しに。文字を入れ込みたいときは字間の調節や文字数の削減などで対応しましょう。

PART 1
白黒でできるデザインの基礎

KEY THEME

- 見やすさ
- 読みやすさ
- 伝わりやすさ

を整える

スグできる！ LESSON 1-1

フォント一択からの脱却
のっぺり文字に変化をつけよう！

文字

BEFORE

１年１組 学級通信
青空中学校
１年１組
発行：担任 岡本颯太

ご入学おめでとうございます

暖かな春の日差しのもと、本日入学の日を迎えたみなさん、
ご入学おめでとうございます。今は緊張と期待で胸がいっぱいの
ことと思います。ひとりひとりの笑顔が輝く学級を目指して
１年間、一緒に頑張りましょう。

タイトルから本文まで、全くフォントを変えずに突き進んだ結果……、のっぺりとメリハリのない紙面になっていませんか？

１年１組 学級通信
青空中学校
１年１組
発行：担任 岡本颯太

ご入学おめでとうございます

暖かな春の日差しのもと、本日入学の日を迎えたみなさん、
ご入学おめでとうございます。今は緊張と期待で胸がいっぱいの
ことと思います。ひとりひとりの笑顔が輝く学級を目指して
１年間、一緒に頑張りましょう。

短文（タイトルなど）と、長文（本文など）では適した書体に違いがあります。短文には太めのゴシック体を、長文には細めのゴシック体か明朝体をセレクトしましょう。

BASIC　　フォントの種類と特徴

→ 日本語のフォントは、主に明朝体とゴシック体の２つの書体に分けられます。筆の流れや太さの強弱を文字のデザインに色濃く反映しているのが明朝体、太さの強弱を抑えてシンプルにしてあるのがゴシック体です。また、学校現場でよく目にする教科書体は書き文字に近い形でつくられており、学習指導要領に準拠した字形をしています。

[明朝体]
- 長文向き
- とめ・はね・はらいが分かりやすい
- 小さいと読みづらいことがある
- おたよりなどの読み物系の制作物に使いやすい

[ゴシック体]
- 短文向き
- 線の太さが均一ではっきりと目立つ
- 小さくしても比較的読みやすい
- スライド資料や声がけポスターなどに使いやすい

THEORY　　程よくフォントを使い分ける

→ 文章の量や目立たせたい度合いなどに応じてフォントを使い分けると、メリハリがある紙面になります。フォント選びの際には、可読性の考慮も忘れずに。

関連
>> p.16「"読みやすい"の第一歩！フォント選びで勝ち組デザイン」

ひとつの紙面にたくさんのフォントを使いすぎると、文字のデザインばかりが気になってしまいます。フォントは２〜３種類程度に、あとは文字の太さで変化をつけましょう。

あまりにたくさんのフォントを組み合わせると、逆にフォント同士がケンカしてしまい、まとまりがなくなります。

PART 1　白黒でできる　デザインの基礎

スグできる！ LESSON 1-2
"読みやすい"の第一歩！フォント選びで勝ち組デザイン

文字

BEFORE

> 思い出いっぱいの校外学習
>
> 　先週の校外学習では深海水族館へ行ってきました。イルカショーに感動したり、水そうのある広場でお弁当を食べたり・・・たくさんの思い出が残る1日となりました。

凝った雰囲気にしたくて、好みの書体を使いたくて……など、さまざまな理由から選んでしまいがちなクセの強い書体。あまりにも読みづらい文字が続くと、読む気が失せてしまいます。

> **思い出いっぱいの校外学習**
>
> 　先週の校外学習では深海水族館へ行ってきました。イルカショーに感動したり、水そうのある広場でお弁当を食べたり・・・たくさんの思い出が残る1日となりました。

本文は読みやすさが第一。まずは右ページを参考にして、読みやすいフォントの中から好みのフォントを見つけましょう。

BASIC　可読性を意識する

可読性とは、文字や文章の読みやすさの度合いです。長文でも疲れにくく、素早く正確に読めるようになっているかが重要です。

可読性を高めるには、書体選びや行間の調整などで見た目からアプローチする方法と、平易な言葉やシンプルな文章のつくりにするなどで内容からアプローチする方法があります。

教職員が作るおたよりや掲示物は、子どもから大人まで、幅広い年代の人が目にすることになります。見づらさや分かりにくさといったストレス無く読み進められるような工夫を施して、可読性を高めましょう。

THEORY　可読性を良く仕上げる

1　可読性の良いフォントを使う

ここでは、多くの学校で使われている Windows（Windows10 以降対象）のパソコンに標準搭載のフォントの中から可読性の高いフォントを紹介します。

本文など長文向き	游明朝 BIZ UDP明朝
資料や掲示など短文向き	游ゴシック BIZ UDPゴシック
ワークシートやプリントなど学習向き	UDデジタル教科書体

PART 1　白黒でできる　デザインの基礎

2 適切な文字サイズを設定する

配布して手元で見るものなのか、掲示して遠くから眺めるものなのか。紙面と読者の間の距離によって、適正文字サイズは変わります。部屋の明るさや視力によっても見えやすさは変動するので、迷ったら少し大きめのサイズにしておくのが良いでしょう。実際に印刷や掲示をして、ちょうど良いサイズを事前に確かめるのがおすすめです。

あくまでも目安のサイズです。実態に合うよう調整しましょう。

3 読者のレベルに合った文章にする

子ども向けの文章においては、習熟度に合わせて文章自体を調整することも必要になります。難しい言葉や未履修の漢字は避けるか、ふりがなをふります。文章の構造をシンプルにしたり、専門用語の使用を避けたりするのも基本です。文章は、読み手が受け取りやすい形にして届けましょう。

関連 >> p.26「低学年向けには必須　ふりがなを味方につけよう」

> 参考
> 作例

ポイントを おさえて **手を洗おう**

 手のひら

 手のこう

 ゆびとつめのあいだ

 ゆびのすきま

 ゆび

てくび

手洗いの声がけポスター
掲示物は太めの大きな文字でハッキリと示す。

保健室からの着替え貸出票
配布物は小さな文字で詳細を記載してもOK。

おきがえ貸しだし票

月　日（　）曜日　　年　組　　　　　　　　　　さん

本日、保健室から衣類の貸しだしをおこないました

❀ **貸しだしたもの**

□ 体操着（上）
（半袖・半ズボン・長袖・長ズボン・その他 ＿＿＿＿）

□ 下着
（インナー：男／女 ＿＿＿ サイズ）
（パンツ　：男／女 ＿＿＿ サイズ）

□ 普段着
（半袖・半ズボン・長袖・長ズボン・その他 ＿＿＿＿）

□ 上ばき　　□ 靴下　　　□ 赤白帽　　□ その他
（＿＿ cm）　（＿＿ cm）　（＿＿ サイズ）　（＿＿＿＿＿＿＿＿）

❀ **お願い**

お忙しいところ恐れ入りますが、（1週間以内・1ヶ月以内・＿＿＿＿頃まで）を目安に
□ 洗濯　□ 同じくらいのサイズのものを新しく購入 のうえご返却をお願いいたします

保健室 より

PART ❶　白黒でできる　デザインの基礎

スグできる！ LESSON 1-3

印象を変えるカギは太さ！
文字の強弱をコントロールしよう

文字

BEFORE

> うでした。
> 　続いて健康関連のお知らせです。今月の保健だよりでもお知らせしたとおり、2年3組の定期健康診断は、4月15日（火）の2時間目〜3時間目に行います。時間割上は体育の無い日ですが、体操着が必要ですので、必ず持たせてください。
> 　4月ということで、子ども達は一生懸命頑張ろうとしています。ご家庭ではゆっくりと休めるようねぎらってあげて

同じフォントで長文が続くと、情報の優先順位が伝わりづらくなります。また、全文を読まなくてはいけないことが、読み手によっては高いハードルに感じられることもあります。

> うでした。
> 　続いて健康関連のお知らせです。今月の保健だよりでもお知らせしたとおり、2年3組の**定期健康診断は**、**4月15日（火）**の2時間目〜3時間目に行います。時間割上は体育の無い日ですが、**体操着が必要ですので**、**必ず持たせてください。**
> 　4月ということで、子ども達は一生懸命頑張ろうとしています。ご家庭ではゆっくりと休めるようねぎらってあげて

読み落として欲しくない大切な箇所は、文字の強弱（太さ）を変えて目立たせてみましょう。強調されて目につきやすくなります。

BASIC　フォントファミリーを知る

フォントファミリーとは、同じフォントのウェイト（太さ）違い一式のことを指します。フォント名の末尾にL・R・Bなどのアルファベットがふってあるものは、同じフォントの太さ違いであることを示しています。

下記の3つは、全て游ゴシックというフォントのファミリーです。

> お子さんの持ち物は全て名前の記入をお願いしています。

極細字 / L / ライト

> お子さんの持ち物は全て名前の記入をお願いしています。

標準 / R / レギュラー

> **お子さんの持ち物は全て名前の記入をお願いしています。**

太字 / B / ボールド

THEORY　ウェイト（太さ）を使い分ける

細字はふりがななどの小さな文字に使うと、小さくても比較的読みやすさが保たれます。太字は強調したいときに使うことで、直感的に重要性を表現することができて便利です。このようなアレンジがしやすいよう、フォントを選ぶ際にはフォントファミリーが充実したものを本文に選んでおくのがおすすめです。

BEFORE

しめい
氏名

全て同じ太さ

もちものには
名前を書いてください

全て同じ太さ

AFTER

しめい
氏名

ふりがな部分を細字に変更

もちものには
名前を書いてください

重要箇所を太字に変更

PART 1　白黒でできる　デザインの基礎

スグできる！ LESSON 1-4
文字の印象で変化をつける！直観的に内容が伝わるフォント選び

文字

雨でろうかがすべります！
気をつけましょう。

上の文は一見すると、怖い話が書かれているかのようです。注意喚起したい気持ちが、おどしのような見え方になってしまっています。

雨でろうかがすべります！
気をつけましょう。

怖い書体は怖い話をしたいときにだけ。文字が与える印象を考えて、内容にあった書体を選びましょう。ここでは、シンプルなゴシック体のフォントにしたことで伝わりやすくなりました。

THEORY | 内容にあったフォント選び

→ 書体選びは声の出し方と似ていると考えるとイメージしやすくなります。純粋に内容を伝えたい時はプレーンで聴きやすい声＝可読性に優れたものを、強調したい時は大きな声＝太字のものを選んでみましょう。

● 真面目な話題に適したフォントの例

> 卒業式を2ヶ月後に控え、廊下には『最後のチャイム』を
> 練習する歌声が響き渡る季節になりました。

UD デジタル教科書体

> 卒業式を2ヶ月後に控え、廊下には『最後のチャイム』を
> 練習する歌声が響き渡る季節になりました。

游ゴシック

どちらもスッキリとしたフォントで、長文になっても読みやすいのが特徴です。
保護者へのお知らせや、少しかしこまったシーンでの文章作成に活躍します。

● 楽しい話題に適したフォントの例

> 来週の水曜日は青空給食です。たてわりグループのみんなが
> 楽しめる食後のレクを計画しましょう！

メイリオ

> 来週の水曜日は青空給食です。たてわりグループのみんなが
> 楽しめる食後のレクを計画しましょう！

HG丸ゴシック M-PRO

丸みのあるフォントは、親しみやすさがあります。
子どもへの配布物や、楽しい見出しに使うのがおすすめです。

スグできる! LESSON 1-5

縦書き？ 横書き？
行間で伝える読み方向

`文字` `バランス`

BEFORE

今週、生活委員が中心となって、朝のあいさつ週間を実施しています。早朝から校門に立ち、明るく元気な声であいさつをする姿はとても立派で、1日を明るい気分でスタートできます。

上の文章を縦方向に読み進めてしまった人もいるのではないでしょうか？
視線は近いものの方に進んでいくので、つい、縦に読んでしまいますよね。

今週、生活委員が中心となって、朝のあいさつ週間を実施しています。早朝から校門に立ち、明るく元気な声であいさつをする姿はとても立派で、1日を明るい気分でスタートできます。

隣合う文字と文字の間は少し狭く、行や列の間は少し広くとることで、読み手の視線を自然にコントロールすることができます。また、イラストがあると自然に目がいくことを利用して、読み始めの位置に視線を誘導するのも GOOD。

BASIC | 行間の仕組み

→ 一般的に行間とは、行と行の間のことを指します。Wordでは、1列目の文字の上のラインから次の行の文字の上のラインまでの範囲をさしており、この数値を設定して行間を調整します。

THEORY | 行間は読みやすく設定する

→ 行間は、狭すぎても広すぎても読みづらさの原因になります。ふりがなをふらない文章の場合は、文字サイズの約半分（0.5文字分）に見える間隔を目安に調整してみましょう（ふりがなをふる場合の設定はp.27を参照）。

BEFORE （行間なし）

5月20日（木）の3・4時間目に、青空警察から2名の指導員さんが来て、交通安全教室をひらいてくれました。

（1文字分の行間）

5月20日（木）の3・4時間目に、

青空警察から2名の指導員さん

が来て、交通安全教室をひらいて

くれました。

AFTER （0.5文字分の行間）

5月20日（木）の3・4時間目に、青空警察から2名の指導員さんが来て、交通安全教室をひらいてくれました。

上の図で示した一般的な行間の幅を、文字サイズの半分くらいに見えるように調整しました。行間ひとつで読みやすさが変わります。

スグできる！ LESSON 1-6

低学年向けには必須
<u>ふりがな</u>を味方につけよう

文字

BEFORE

せっかくふりがなをふっていても、読みづらい仕上がりになっては仕方がありません。長音のふりがなにも学習指導の内容と食い違いがないか注意が必要です。

AFTER

長音のふりがなを学習内容と揃えたうえで、ちょうど良いサイズと行間に設定しました。読みやすくふりがなをふることで、読者対象を広げることができます。

| THEORY | ふりがなは読みやすく |

1 適切なふりがなの大きさを知る

ふりがな（ルビ）の文字サイズは、ルビをふる対象の文字の高さの半分を目安に設定しましょう。ただし、大きな文字にルビをふる場合は、半分の高さで設定すると悪目立ちするので、バランスを見つつ半分以下の高さに調整してください。モノルビとグループルビは多くのソフトで設定が可能です。指導方針に合わせて選択しましょう。

[モノルビ]

[グループルビ]

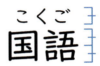

漢字一文字ずつに対して、ルビをふる方法です。

複数の文字全体にルビをふる方法です。

2 適切な行間を知る

行間が狭すぎると、ふりがなをふるスペースがうまれません。上の行との間に余裕ができるように、行間は広め（本文の文字サイズと同じくらい）に設定します。

BEFORE （0.5文字分の行間）　　**AFTER** （1文字分の行間）

ふりがなと上の行との間に余裕がうまれて読みやすくなりました。

スグできる！ LESSON 1-7

ルールを決めて整える！
揃えを知って使いこなそう

文字 バランス

BEFORE

もこもことした囲みの中に文章を配置していますが、各行の始まりや終わりの位置がバラバラしていて読みずらい状態です。

AFTER

横書きの文章の場合、基本は左揃えで統一するのが望ましいです。読む人の視線が、毎行左端まで移動するだけで済むので楽だからです（中央揃えや右揃えは行の先頭の文字を探す手間がかかります）。

28

| BASIC | 揃えの種類を使い分ける |

横書きの場合、よく使う揃えは3種類です。初期設定では左揃えに設定されていることが多く、大抵のソフトではワンクリックで設定を変更することができます。文の内容や性質に合わせて使い分けると、読みやすさ・分かりやすさにつながります。

[左揃え]

中身の点検と
記名確認をお願いします

4月7日、8日の下校時間は11時半です。
給食は翌週11日(月)から始まりますので
ご注意ください。

左揃えは長文を読ませるのにぴったりです。

[中央揃え]

中身の点検と
記名確認をお願いします

給食開始
4月11日(月)

短文やメッセージなら中央揃えを使うのもGOOD。

[右揃え]

中身の点検と
記名確認をお願いします

給食費を集金袋に入れて
持たせてください

右側の画像に沿わせるなら、右揃えが活用できます。

PART 1 白黒でできる デザインの基礎

すっきり見えるひと工夫♪ 読みやすくなる段落分け

スグできる! LESSON 1-8

`文字` `バランス`

BEFORE

> ✿ **運動会予行での様子** ✿
>
> 　昨日の予行練習では、突然のお天気雨というハプニングにも負けず、高学年として下級生の素晴らしい手本となるような動きがとれていました。特に、体育館への一時避難の際に見られた低学年を引率し素早く屋根の下へ移動する姿はとてもたのもしかったです。当日もケガなく安全に1日を過ごし、思い出に残る運動会になることを期待しています。ファイト！

ひとつの段落があまりにも長いと読みづらく、次第に読む気が薄れていってしまいます。また、内容が頭に入りづらくなる原因にも。

> ✿ **運動会予行での様子** ✿
>
> 　昨日の予行練習では、突然のお天気雨というハプニングにも負けず、高学年として下級生の素晴らしい手本となるような動きがとれていました。
>
> 　特に、体育館への一時避難の際に見られた低学年を引率し素早く屋根の下へ移動する姿はとてもたのもしかったです。当日もケガなく安全に1日を過ごし、思い出に残る運動会になることを期待しています。ファイト！

3～4行を目安に段落を分けるように心がけるだけで、すっきりと読みやすい印象に変わりました。行間も空けたことで、よりゆとりが出ています。

THEORY | 長文は段落を設ける

→ 長文（80文字を超えるくらい）を扱う場合は、段落を分けると読みやすくなります。右記を参考に段落分けにトライしましょう。

段落分けをするタイミング
- 文章が4行以上続くとき
- テーマが変わるとき
- 時間やシーンが変わるとき

[段落分けした後の見せ方]

● 印刷物や板書

> 　明日は待ちに待った運動会です！小学校生活最後の運動会、全力で挑みましょう。前日からの備えが鍵を握っています。ご家庭でもフォローをよろしくお願いします。
> 　まずはいつもより少し早めに寝て、朝ごはんをしっかり食べること。爪を短くしておくこと。できればトイレも済ませてから登校しましょう。

1文字下げる

一文字下げをすると、段落が分かれていることが見て取れるようになります。

● スライド資料

> 明日は待ちに待った運動会です！小学校生活最後の運動会、全力で挑みましょう。前日からの備えが鍵を握っています。ご家庭でもフォローをよろしくお願いします。
>
> まずはいつもより少し早めに寝て、朝ごはんをしっかり食べること。爪を短くしておくこと。できればトイレも済ませてから登校しましょう。

隙間を空ける

スライドなどのデジタルデータでは、余白をしっかり取れば段落が変わったことが見て取れるので、1文字下げはせずに隙間を空けるようにしましょう。

PART ① 白黒でできる デザインの基礎

かんたん！ LESSON 1-9
改行・段組みを活用 読みやすいレイアウト案

配置　バランス

BEFORE

不審者対策の訓練が行われました

　不審者が校内に侵入した場合の放送を合図に、クラスごとに教室にバリケードを作る訓練を行いました。どのクラスも先生の指示に従い、机を教室の扉付近に積み上げ、速やかにバリケードを作ることができました。
　訓練後には、教頭先生が不審者役を、他の先生が通報役や捕獲役を演じる映像を全校で見ました。不審者が侵入した場合の危険を映像から学び、対策のポイントを話し合うことで実践的な学びとなりました。

文字がずらーっと並び、読む気がそがれる印象です。また、1行が長く行間も狭いので、次の行へ読み進めようとするときにどの行へ移ればよいか、一瞬迷ってしまいます。

AFTER

不審者対策の訓練が行われました

　不審者が校内に侵入した場合の放送を合図に、クラスごとに教室にバリケードを作る訓練を行いました。どのクラスも先生の指示に従い、机を教室の扉付近に積み上げ、速やかにバリケードを作ることができました。

　訓練後には、教頭先生が不審者役を、他の先生が通報役や捕獲役を演じる映像を全校で見ました。不審者が侵入した場合の危険を映像から学び、対策のポイントを話し合うことで実践的な学びとなりました。

15〜25文字程度を目安に改行し、行間の設定を見直しましょう。段組みもあわせて活用すると、視線の移動が短くできて読みやすくなります。

THEORY | 用紙のかたちにあった段組みをする

→ 印刷物の場合、用紙の縦横比や1行あたりの文字数を考慮して何段組にするかを検討しましょう。文字サイズにもよりますが、A4タテなら2段組み、B4ヨコなら左右でそれぞれ2段組みのレイアウトをベースにするとちょうど良いことが多いです。

● 用紙が縦長の場合

 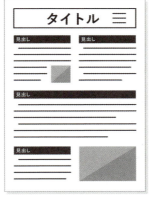

左は大きく分けて縦に2分割したイメージ。右のように長文の項目がある場合などは、いろんなレイアウトのかたちを組み合わせるのもおすすめです。

| 1段 | 2段 |

● 用紙が横長の場合

写真の配置方法も段落分けやレイアウトによって大きく変わる要素です。

段組みをするときは、段と段の間にしっかりと余白を取りましょう。
間隔が狭いと誤読しやすくなり、かえって読みづらい原因になります。

スグできる！ LESSON 1-10
視線に沿ったレイアウトで読みやすさを整える

`レイアウト` `配置`

BEFORE

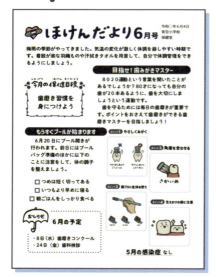

情報を詰め込んだ結果、どのように読み進めれば良いのか分かりづらい紙面になっていませんか？　視線が自然と流れる順序に沿って情報が並んでいないと、せっかくの情報も正しく伝わりません。

AFTER

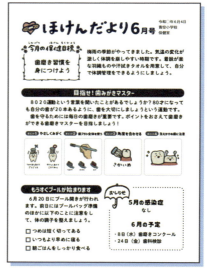

読み手の視線が自然に流れる動線を知り、その点を考慮して情報を並べるだけで、見違えるほど分かりやすいと感じてもらえます。

THEORY | 情報は視線の動きに沿って

読み手の視線の動き方は、情報量や組方向（縦書きなのか横書きなのか）などによっていくつかのパターンに分けられます。教育現場でよくある例は以下の2種類です。

[Z字に動くパターン]

横書きで作られたおたよりなどは、ほとんどの場合が左上から右下へ、Z字をなぞる形で視線が流れます。

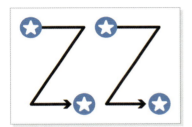
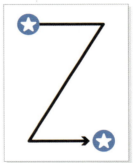

算数や理科、社会の教科書はZ字の流れに沿っています。

[N字に動くパターン]

縦書きの場合は、N字を逆から（右上から）なぞる形で視線が流れます。

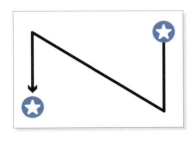
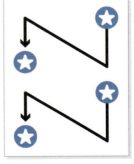

新聞、漫画はN字の流れに沿っています。

視線の始点と終着点は、読み飛ばされづらい傾向にあります。大切な情報は上の図の星のマークのあたりに配置するのが望ましいです。

かんたん！ LESSON 1-11

負担を軽減◎
あえてのワンパターンレイアウト

`レイアウト` `情報整理`

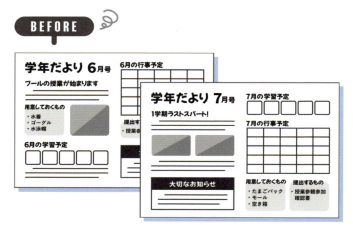

おたよりなどの配布物制作で、ワンパターンを避けようと、無理に毎回レイアウトを変更していませんか？ 都度変わるレイアウトは楽しい反面、読むのにも作るのにも負担がかかります。

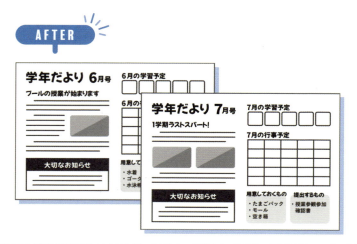

来月の予定などの毎回掲載する内容は、デザインを固定して紙面の同じ場所にレイアウト。あえてワンパターンにすることで、読み手の"情報を探す手間"が軽減されます。

THEORY | 毎号掲載する情報は同じ場所に

「大切なお知らせ」「用意するもの」など、毎号必ず掲載する情報は意外にたくさんあります。デザインや定位置を決めることのメリットを3つ紹介します。

MERIT 1 読み手の探す手間が省ける

読み手が紙面のどこに何が書かれているかを覚えることができるので、必要な情報を探す手間が省けます。「分かりやすい！ 見やすい！」と感じてもらえます。

MERIT 2 読み手の見落としが減る

おたよりで伝えたのに、「そんなの聞いてないよ〜！」と言われてしまうのは悲しすぎますよね。定位置を決めることで、見落としてはいけない情報は必ずここに載っている！ と、読み手が自然と覚えてくれます。提出漏れや忘れ物を減らすことにもつながります。

MERIT 3 作り手の手間が省ける

作り手としては、毎回イチからレイアウトやデザインを考える手間が省けます。定番の項目は、更新する情報だけを差し替えれば紙面が完成するサイクルにすると、とても楽になります。

かんたん！ LESSON 1-12

情報の優先度を整理して読み飛ばしを予防

配置 / 情報整理

BEFORE

> 2年3組　学級通信　SCRUM Vol.08　　　2年3組学級通信
> 　　　　　　　　　　　　　　　　　　　文責/内藤 雄大
> 〜林間学校に行ってきました〜
> 　林間学校1日目は、野外調理実習でカレー作りと飯盒炊飯をしました。薪割り体験ではコツを掴むのに苦戦している子もいましたが、なんとか全員うまく薪を割ることができました。
> 　2日目は班ごとに分かれてウォークラリーを行いました。班員で協力して謎解きを進めゴールを目指したこの活動では、熾烈な優勝争いが繰り広げられました。中継地点で見守っていた校長先生

ただ文章が流れているだけで情報のまとまりが見えてこず、なんの話をしているかがパッと伝わってきません。とっつきづらい印象のおたよりは、読み飛ばされてしまうかもしれません……。

AFTER

> **SCRUM** Vol.08　　　　　　　　　2年3組 学級通信
> 　　　　　　　　　　　　　　　　　文責/内藤 雄大
> ・・・・・・・・「 林間学校の思い出 」・・・・・・・・
>
> **Day1　野外で調理で悪戦苦闘！**
> 　野外調理実習でカレー作りと飯盒炊飯をしました。薪割り体験ではコツを掴むのに苦戦している子もいましたが、なんとか**全員うまく薪を割ることができ**ました。
>
> **Day2　白熱のウォークラリー**
> 　班ごとに分かれてウォークラリーを行いました。班員で協力して謎解きを進めゴールを目指したこの活動では、**熾烈な優勝争いが繰り広げ**られました。中継地点で見守っていた

情報を整理して、タイトル→見出し→本文の順に目に入るようにしました。内容は細かめに分け、それぞれに小見出しをつけます。優先順位の高い情報を見逃さないようにデザインにすることで、概要がパッと目に入ってきて、わかりやすい印象に変わりました。

| THEORY | 情報の優先順位を考える |

→ いきなりパソコンに向かって書き始めてしまうと、内容が入り切らなくなって困ったり、重要項目が分散して分かりづらいものができあがりがちです。まずは伝えたい内容を洗い出して情報の優先順位を一度整理しましょう。

● 掲載内容のメモ例

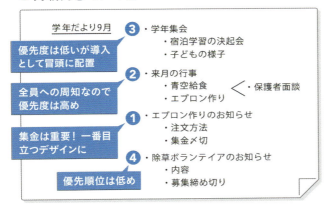

箇条書きで載せたい項目と詳細をあげます。締め切りなどの特記事項も忘れずに洗い出し、その中で優先順位をつけます。

● メモをもとに構成した場合の例

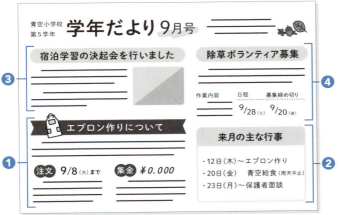

項目の配置を決め、その中でも重要になることは太字や、デザインを変えて目立つようにしました。p.30やp.34を応用して、段落や視線を意識するともっと読みやすさがアップします。

PART 1 白黒でできる デザインの基礎

スグできる！ LESSON 1-13

画像や文字のかたまりを意識 要素の整列で並列関係を表現！

配置 | バランス

BEFORE

夏休みの約束

楽しく夏休みをすごして、笑顔で2学期を迎えられるよう、以下のことに気をつけましょう。

 出かけるときは伝えてから
 宿題は計画的に
 ゲームは時間を決めて
 子どもだけで川に行かない
 食べ過ぎ飲み過ぎに注意
 家の手伝いをする

小学生だけで出かけられる範囲は、夏休み中も学区内だけです。規則的な生活リズムを崩さないことも忘れずに！

なんとなく……で、レイアウトした情報たち。階段上にレイアウトされているのが、作り手に意図がなくても、受け取り手にとっては意味があるように見えてしまうことがあります。

AFTER

夏休みの約束

楽しく夏休みをすごして、笑顔で2学期を迎えられるよう、以下のことに気をつけましょう。

 出かけるときは伝えてから
 宿題は計画的に
 ゲームは時間を決めて
 子どもだけで川に行かない
 食べ過ぎ飲み過ぎに注意
 家の手伝いをする

・小学生だけで出かけられる範囲は、夏休み中も学区内だけです。
・規則的な生活リズムを崩さないことも忘れずに！

画像と文字のかたまり（テキストボックス）を余白に沿ってきれいに並べました。全てが並列の情報に見て取れ、余計な意図は感じられません。

| THEORY | 要素は整列させる |

掲載する情報に優先度の差がない場合、画像やイラスト、テキストボックスなどの要素の位置は、余白に沿って整列させるのが基本です。これによって、読み手が余計な意味合いを感じ取ってしまうことなく、並列の関係として見せることができます。

BEFORE

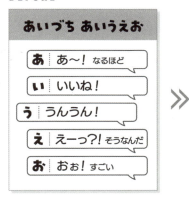

AFTER

BEFOREでは「う」の項目が最重要項目に見えるのに対し、AFTERでは全て平等に見えます。

上記とは反対に、ずらした情報に意味を持たせることもできます。例えばランキング表など、高低差をつけて順位を表すものや、右へ右へとマス目を塗り広げて進捗を表すガントチャートなど、位置関係をずらすことで"差がある"ということを伝えるテクニックもあります。

右は当番表を楽しくアレンジした例です。名前プレートを移動させることで、担当者と進捗が分かるようになっています。

PART 1　白黒でできる　デザインの基礎

41

かんたん！
LESSON 1-14

情報はまとめて紐づけ
仲間はいつもそばに

配置 / 情報整理

BEFORE

AFTER

板書でよく見るワンシーン。値段の表記がどのケーキのことをさしているのかが分かりません。ショートケーキの値段はいくらなのでしょうか？

人は、近くに配置されたもの同士に強い関係性を感じます。この仕組みを利用すれば、ケーキと値段の関係が自然と伝わってくる状態にすることができます。

| **THEORY** | 関連情報は近づけてグルーピングする |

情報が複数あるとき、均等に並べたり、関連情報を離れた位置におくと、後から矢印や囲みを使って情報をまとめることになりがちです。関連情報同士を近づけ、違うものとの間隔を作るだけで、すっきりとまとまります。

BEFORE

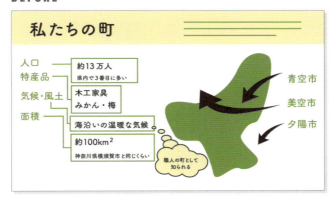

AFTER

無理やり矢印や囲み、線でつないでいた情報が、配置を見直すだけですっきりしました。スライド資料作りや板書のとき、意識的に行うときれいにまとめることができます。

かんたん！ LESSON 1-15

脱！枠だらけ。
余白で情報にまとまりを

`余白` `情報整理`

BEFORE

情報をまとめるときにやってしまいがちなのが、枠線で囲むデザイン。部分的な使用なら良いのですが、全ての要素を囲んでしまうと枠で埋め尽くされてしまいます。

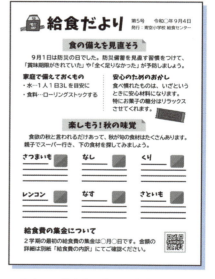

AFTER

一度全ての枠を取り払い、余白だけでもまとまりが伝わるか確認してみましょう。情報同士の境界が見て取れなくなってしまう場合は、情報の詰め込みすぎが原因かも。省けるところを探しましょう。

THEORY　枠はひかえめに

1　枠の数は最低限にする

枠の数を抑えることで、枠に囲まれた部分の目立ち具合が相対的に上がり、メリハリのある紙面になります。本当に目立たせたい情報や、他とは切り離したい情報のとき、効果的に枠を使いましょう。

A～Dをすべて囲むより、右図のBの項目が1番目立って見えます。

2　要素同士の位置関係を見直す

枠を減らすと情報同士が混ざり合ってしまう……。そんなときには、関係のあるもの同士を近づけ、関係のないもの同士の間に余白をとります。要素同士の間隔を空けると、意味合いのまとまりが見て取れるようになります。

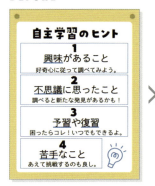
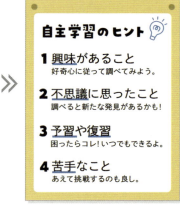

余白の大きさに変化をつけると、枠がなくても関連情報がまとまって見えるようになりました。電球のイラストはタイトルに近づけることで意味合いが分かりやすくなりました。

3 主張をおさえた枠にする

枠を使用する場合には、肝心な情報が埋もれることの無いよう、極力シンプルなものを合わせましょう。それでも枠が目立つと感じるときには、下の見本を参考に調整してみましょう。

危険や注意喚起などの特別なものでない限り、枠の存在感は抑えた方が内容に目が行きます。

参考 作例

作品鑑賞カード　年　組　番　名前

作者　　さん　題名『　　』
良いと思ったところ

作者　　さん　題名『　　』
良いと思ったところ

作者　　さん　題名『　　』
良いと思ったところ

先生から

> **授業時の配布プリント**
> 線だらけになりがちなワークシートも余白の力を借りればスッキリ！

> **図書館の掲示物**
> 1冊の本に対する情報の要素を近くすることで、意味のまとまりが伝わります。

せすじがこおる… こわい本 特集

書影　　書影　　書影

「学校ななふしぎ」　「　鬼遊び　鬼よぶわらべ歌」　「開けてはいけない」

展示場所　**図書館前掲示板**
展示期間　**7月18日（月）から29日（金）まで**

こわい本投票の結果を表示します

青空中学校図書館

PART 1　白黒でできる　デザインの基礎

47

かんたん！ LESSON 1-16

余白は悪なの？
余白の役割を知ろう

`余白` `バランス`

BEFORE

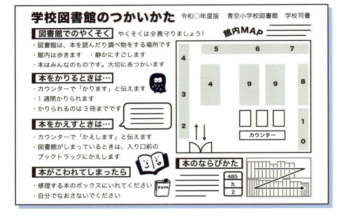

余白は悪！と言わんばかりに、紙面いっぱいに情報を載せたおたより。パッと見で分かりにくい印象を与えてしまっています。

AFTER

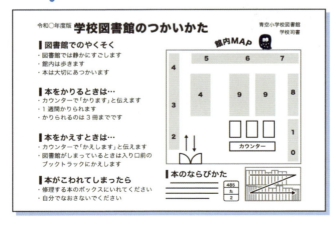

記載する情報は整理して最小限に。余白をゆったりと設けることで、全体がスッキリしました。「読もう！」と思える紙面になりましたね。

THEORY　余白の意味合いを知る

1　情報を正しく伝える

余白を適切にとることで、注目してほしい情報に目を向けてもらいやすくなります。見やすさが上がることは正しく読んでもうことにもつながります。

2　世界観を作り出す

余白は広くとれば落ち着いた雰囲気に、狭くしたり無くしたりすると賑やかな雰囲気にと、世界観の演出をします。読み手に届けたい印象を考え、それに合わせて余白の設定を考えてみましょう。

左はたっぷりと余白を作ることで、落ち着きと清潔感が出ています。右は日付強調するのに余白が役立っています。

スグできる！ LESSON 1-17
卒業しよう！「写真で隙間埋め」

写真　レイアウト

BEFORE

配置された写真のサイズがバラバラ、配置も不規則で散らかった印象になってしまっています。また、どの文章と紐づいているのかも分かりません。

AFTER

ミシンの準備

まず、準備室から自分の出席番号のミシンを出します。
（ミシンの取手を持ち、下からも支える）

1. 下糸をボビンに巻きます
2. 上糸と下糸をセットします
3. コンセントにつなぎます

写真を配置するときは、サイズや切り抜きの形を統一した画像を用意するのが吉。さらに位置を揃えて配置すれば、自ずと素敵にまとまります。

THEORY | 画像の位置はあらかじめ決める

先にテキストを入力して、空いたスペースに写真やイラストを配置……、これでは隙間の形に合う画像を見つけるのが大変です。掲載したい情報量に応じてレイアウトを検討しつつ、画像の配置も考えておくのがベターです。

また、写真をどのように使うかでデザインが大きく変わります。下のサンプルをレイアウトの参考にしてみてください。

レイアウトサンプル

● 用紙が縦長の場合

文章が長文になるときは、写真を添えるようにして、文章と写真が紐づいていることが分かるような配置にしましょう。

● 用紙が横長の場合

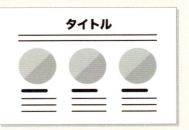

スライド資料のように写真を大きく見せたいときや、情報量を絞って載せるときは写真をデザインのメインにしたレイアウトにすると見映えがします。

PART 1 白黒でできる デザインの基礎

もう一度見直して！
文字ルール破りにご用心

BEFORE

> **おはなし会のおしらせ**
>
> 夏のお話を紹介します。夏休み前最後のおはなし会
> 、ぜひ聞きに来てくださいね。図書館でみんなを待
> っています。
>
> 7月4日（金 ）
> 　午後 1 時30分から『へんしんオバケ 』午後3時
> 　45分から『カレーライス 』

ただ文字を入力しただけの状態だと、カッコや記号の周りに余計なスペースができてしまうことや、行頭に句読点が来てしまうことがあります。思わぬ誤解や混乱を招く恐れがあるので、注意が必要です。

AFTER

> **おはなし会のおしらせ**
>
> 夏のお話を紹介します。夏休み前最後のおはなし会、
> ぜひ聞きに来てくださいね。図書館でみんなを待っています。
>
>  7月4日（金）
> 　午後1時30分から『へんしんオバケ』
> 　午後3時45分から『カレーライス』

全体に目を通してから、おかしいところがあれば禁則処理をかける、改行を見直す、全角／半角を変更するなどの調整をして、読みやすくなるようにしましょう。

BASIC　　　禁則処理をする

1 禁則処理とは

禁則処理とは、日本語の文章作成時のルールに則って文章を調整することです。具体的には以下のようなルールがあります。

主な文章のルール

行頭にきてはいけないもの
- 句読点 …………… 、。
- 終わりカッコ …… ）】」
- 音引き …………… ー
- 幼促音 …………… ゃゅょっ

行末にきてはいけないもの
- 起こしカッコ …… （【「

行をまたいではいけないもの
- 3点リーダー …… …
- ダーシ …………… ──

2 禁則処理を活用する

大抵の文章作成ソフトには禁則処理の機能が備わっています。文字組みがおかしくなってしまうときには設定を見直しましょう。それでも直らない部分はひとつひとつ手直しすることも検討します。

❶ 文字を打つ

> 手洗いは大切な習慣です!お子さんが自発的に手洗いできるよう
> 、ご家庭でも声かけをお願いします。

❷ 禁則処理をかける　　読点が移動

> 手洗いは大切な習慣です!お子さんが自発的に手洗いできるよう、
> ご家庭でも声かけをお願いします。

❸ 必要に応じて手を加える　「!」を全角に　

> 手洗いは大切な習慣です！お子さんが自発的に手洗いできるよう、
> ご家庭でも声かけをお願いします。

文章のルールがきちんと守られていることは、発行者への信頼にもつながります。

がんばろう！ LESSON 1-19

おたよりの入り口
タイトルデザインはユニークに

文字 飾り

BEFORE

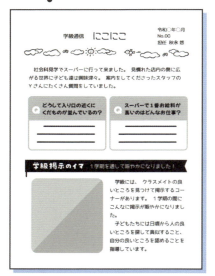

タイトルが小さすぎて、全く目に止まりません。タイトルはおたよりの入り口。パッと目に飛び込んでくるように工夫を施しましょう。

AFTER

インパクトのある太字の書体に変更し、文字サイズをアップ、イラストを添えました。「おひさまのおたより＝学級だよりだ！」と認識しやすくなるのも読み手にとって嬉しいポイントです。

| THEORY | 遊び心はタイトルで発揮する |

→ 学級だよりなどの定期的に発行するようなおたよりのタイトルは、毎回読むものではないので、少しユニークなデザインを取り入れるのにぴったり。子どもが描いたイラストを載せたり、人文字の写真にしてみるなど遊び心を発揮しても素敵です。

タイトルデザインサンプル

● 文字とイラストの組み合わせ

部分的にイラストを取り入れることでロゴのようになり、面白い見え方になります。

● 手書き文字の活用

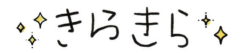

子どもや教職員の手書き文字で、学級のカラーを出すのも素敵です。

スグできる！ LESSON 1-20

あくまで目印
見出しデザインはシンプルに

`文字` `飾り` `バランス`

BEFORE

タイトルや見出しに、WordやPowerPointなどのソフトにある文字装飾機能を使うのはキケンかも。派手さを優先した読みにくいデザインが設定されていることが多く、見づらい結果となってしまいます。

AFTER

文字サイズを大きくする・太字にする・他の項目との隙間をあけるなど、簡単な調整だけで、誰もが見出しだと分かるデザインにすることができます。

THEORY　文字の装飾はほどほどに

せっかく可読性の高いフォントを選んでも、複雑な装飾や変形を施してしまうと台無しに……。特に見出しや小見出しなどは、可読性が求められる部分なので要注意。本文と少し差をつけるだけでも十分区別がつきます。

大見出し／小見出し／本文デザインサンプル

❖ 将来の進路選択に向けて ❖

◆自己理解のすすめ

　進路を決めるうえで1番大切なことは、本人が自分自身を理解することです。とはいえ、中学生が本人だけの力で自己理解を深めるのは難しいこと。ご家庭では積極的にお子…

◆進路選択のポイント

お子さんとの会話では、次の内容を意識して聞いてみてください。質問された方は、受け答えすることで、自身の感情を整理したり見直したりするきっかけになりま…

大見出し→小見出し→本文の順に、情報が目に入ってくればOK。

保護者会のお知らせ

授業参観後、各教室で保護者会を実施します。1学期の間のお子さんの様子をみなさんでお話ししたいと考えております。ぜひご参加ください。

日程	内容
9月13日（木） 15時45分〜	・1学期の様子　・2学期の学習予定 ・夏休みの課題説明　・問題行動への対応法

白黒印刷でも、黒や中間のグレーを活用すれば、情報の優先順位を分かりやすくすることができます。

PART 1　白黒でできる　デザインの基礎

がんばろう！ LESSON 1-21

足し算からのステップアップ
デザインの引き算を身につけよう！

`飾り` `バランス`

「目立たせたい！」とあの手この手で装飾を加えていった結果……、目立ちこそするものの、肝心の情報が伝わりづらいデザインになってしまいました。

目立たせたいものに対して大きさやあしらいを足してゆくのではなく、引き算できるものがないかに着目してみましょう。フォントはプレーンなものに変え、色数や文字数は抑えて、背景は無地の白に……と、減らしてゆくと情報が浮き上がってきます。

THEORY | 引き算のテクニックを使う

情報を目立たせようとすると、ほとんどの人は色数やサイズ、装飾などを増やす、足し算の方向で考えてしまいます。もちろん足し算が必要なケースもありますが、すでに視覚情報が溢れている場合は、引き算を取り入れてみましょう。

BEFORE

AFTER

いろんな吹き出しや囲みで目立たせるよりも、シンプルなデザインの方が、伝えたいことが伝わるものに。

スグできる！ LESSON 1-22
期限を守ってもらうための日付デザイン

文字 バランス

BEFORE

> 　9月後半からは書写の授業が始まります。書写（硬筆）の授業では、2Bの鉛筆が必要です。9月7日（月）までに記名して2～3本持たせるようにしてください。
> 　学習発表会に向けての練習が行われます。衣装に使う黒いゴミ袋を3枚（1枚は予備）持たせてください。記名は不要です。10月に入ると必要になるので、9月24日（月）には持ってきておいてください。

上の文章中に実は2つの期日が記載されているのですが、隅々まで読まないと内容が把握できません。これでは期日を守れない人が出てしまっても仕方がないのかも……。

> 　9月後半からは**書写の授業**が、10月からは**学習発表会に向けての練習**が始まります。
>
> 　以下のものを期日までに持たせてください。
>
> | 記名 | 持ち物 | 期日 |
> |---|---|---|
> | 要 | 2Bの鉛筆 2本 | 9月7日（金）まで |
> | 不要 | 黒いゴミ袋 3枚 | 9月24日（月）まで |

お便りを読む人（保護者や他の先生）は、たくさんのお便りのなかから、取りこぼしの無いように重要な情報を探しています。重要な事柄は自然と目に入るようにデザインすることで、読み手に優しいおたよりを目指しましょう。

THEORY | 日付デザインは目に止まるものに

➡ 簡単にできるシンプルな日付デザインを紹介します。手順に沿って、いつもの日付表記をブラッシュアップしてみましょう。

❶ 日付を入力する

２０２５年９月２８日金曜日

❷ 単位（年など）と曜日を小さくする

２０２５年９月２８日金曜日 〔小さく〕

❸ 2桁以上の数字は半角に、曜日の表記は省略形にする

2025年9月28日(金)

〔半角に〕 〔省略形に〕

❹ 年と月日の間にスペースを入れる

2025年 9月28日(金)

〔スペース〕

❺ 太字やアンダーラインで強調する

〔強調〕

2025年 **9月28日(金)**

ただ入力しただけの見え方と比べて、スペースは削減しつつ、まとまり感が生まれて目立つようになりました。

がんばろう！ LESSON 1-23

実際に使うのは誰？
書き込む人を考えた記述欄作り

バランス

BEFORE

自作したワークシート。このまま子どもに配布して、文字数や書字方向など、思ったとおりに記入してくれるでしょうか？

AFTER

記述欄は縦書きなら縦長に、横書きなら横長にすることで、直感的にどの方向に向かって書けばよいかが伝わります。また、罫線を入れておくと、文字サイズの目安になり、まっすぐ書くためのガイドにもなって便利です。

THEORY　　使う人の目線に立つ

➜ 記述欄は、書き込んでほしい文字量や書字方向きをあらかじめ考えて、意図通りに作れるとベターです。記入者が書く文字サイズを考慮して、試し書きをしてみましょう。また、下図のように枠で囲むものは、低学年ならばなるべく大きめにし、枠線の色の濃さや形を工夫してみましょう。

BEFORE

なまえ

なまえ もりやまさくら

AFTER

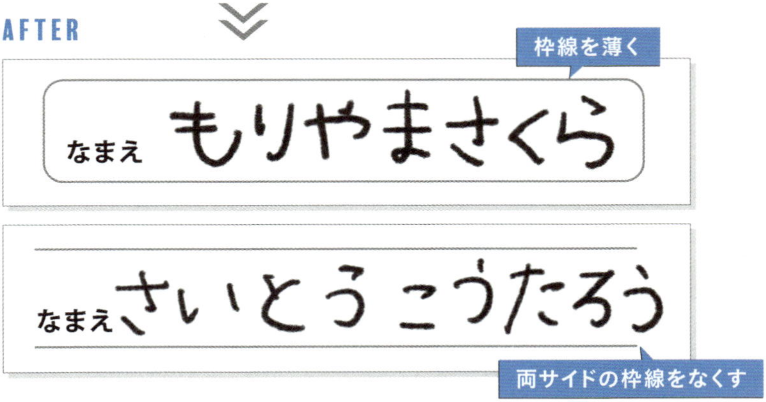

枠線を薄く

なまえ もりやまさくら

なまえ さいとう こうたろう

両サイドの枠線をなくす

名前が長い子や低学年でひらがな記入の場合は入りきらないことが予想されるので、横幅を長くとることにします。枠線の色も薄くしておくと文字が重なっても読みづらくなりにくいです。
また、思い切って両サイドの枠をとってしまうのも手です。上下の線があるので文字サイズの目安は伝わります。サイドをなくすことで、はみ出すのが許せない子にとっても優しいデザインになります。

PART 1　白黒でできる　デザインの基礎

読み取りやすさが重要！
スッキリさせる表デザイン

がんばろう！ LESSON 1-24

グラフ・表

 BEFORE

【週時程表】	
	開始時刻～終了時刻
登校	8：00～8：20
朝活	8：25～8：40
1校時	8：50～9：40
2校時	9：50～10：40
3校時	10：50～11：40
4校時	11：50～12：40
給食	12：40～13：10
昼休み	13：10～13：30
5校時	13：35～14：25
6校時	14：35～15：25
そうじ	15：30～15：45
下校	部活　15：50

Excelなどで表を作る際、全てのセルを罫線で囲んでいると、情報が罫線に埋もれて見えづらくなってしまいます。

 AFTER

週時程表

	開始時刻～終了時刻
登校	8：00～8：20
朝学活	8：25～8：40
1校時	8：50～9：40
2校時	9：50～10：40
3校時	10：40～11：50
4校時	12：50～12：50
給食	12：50～13：10
昼休み	13：10～13：30
5校時	13：35～14：25
6校時	14：35～15：25
清掃	15：20～15：45
下校/部活	15：50～

とりはらっても大丈夫な罫線がないか、背景色で置き換えられないかなどを検討します。罫線を減らす工夫をすると、伝えたい情報が目立つようになりました。

THEORY 表は見やすさが重要

→ 見やすい表は、必要な情報がすぐ見て取れるので喜ばれます。見やすくするためには、罫線以外にも、フォントのばらつき・揃えのばらつき・カラフルな色など、余計な装飾をなるべく減らすことがポイントです。

BEFORE

入部希望数 集計表			
体育館	男子	女子	合計
テニス	26	22	48
バスケ	17	10	27
バレー	7	14	21
卓球	12	9	21

AFTER

入部希望数 集計表			
体育館	男子	女子	合計
テニス	26	22	**48**
バスケ	17	10	**27**
バレー	7	14	**21**
卓球	12	9	**21**

カラーバージョン

入部希望数 集計表			
体育館	男子	女子	合計
テニス	26	22	**48**
バスケ	17	10	**27**
バレー	7	14	**21**
卓球	12	9	**21**

白黒でもカラーバージョンでも、あえてシンプルに。表内のフォントを統一し、太さに変化をつけることで、目立たせたい見出しと数値が見やすくなりました。

CHECK 算数などの学習で表を扱う場合は、罫線をなくすと子どもが混乱する恐れがあります。大切な情報は大きめに書く、板書の場合は白チョークと識別しやすい色で書くなど、別の方法で見え方に差をつけましょう。

PART 1 白黒でできる デザインの基礎

がんばろう！ LESSON 1-25

複雑な情報の詰め込みはNG
分かりやすい予定表作り

[グラフ・表] [情報整理]

BEFORE

朝	10/2	10/3	10/4	10/5	10/6	月	日	
朝	朝読	朝読	朝読	SHR	朝読	10	1	日
1	理	数	数	社	体	10	2	月 ③キャリア学習
2	数	国	音楽	国	社	10	3	火 スクールカウンセラー来校
3	★	社	国	数	国	10	4	水
4	体	理	理	英	理	10	5	木 職員会議
5	社	英	社	理	数	10	6	金
6	技術	数	英	／	英	10	7	土
来週のテスト週間に備えよう！						10	8	日
						10	9	月 開校記念日

縦に見る時間割表と、横に見る行事予定表が合体したように見える予定表。読み手の視線がさまよう様子が目に浮かびます……。

AFTER

月日	曜	朝	1	2	3	4	5	6	行事
10/1	日								
10/2	月	読書	理	数	★	体	社	技	★キャリア学習
10/3	火	読書	数	国	社	理	英	数	スクールカウンセラー来校
10/4	水	読書	数	音	国	理	社	英	
10/5	木	SHR	社	国	数	英	理	／	職員会議
10/6	金	読書	体	社	国	理	数	英	
10/7	土								
10/8	日								
10/9	月								開校記念日

日付の列を軸に情報が全て横に並ぶように表を作り替えてみました。表を作るときは、あらかじめ表で伝えたい内容を整理してから着手すると、結果的に直しが少なくなり作業時間の短縮にも繋がります。

THEORY　見やすさは情報整理が肝心

1　時間の流れはひとつだけ

文章で説明するよりも、情報をコンパクトにまとめられるのが、表を使うメリットです。1つの表にたくさんの情報を盛り込もうとすると複雑になり、読み取るだけでなく作るのも難しくなってしまいます。正しく情報を共有するためにも、予定表で扱う日付けや時間の流れは1つに絞ることをおすすめします。

2　見慣れたフォーマットを使う

表の形が見慣れない形式だと、読者はまず表を読み解くことからスタートしなければいけません。例えば1週間以上のスケジュール表ならば、縦か横の一定方向に流れるように作るか、7日間で改行する一般的なカレンダーの形式が望ましいです。

また、時間の流れが関わるものは縦書きであっても左から並べるのもポイントです。右から並べていくと、時間を遡っていくような印象になってしまいます。

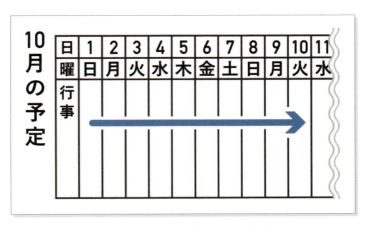

縦書きのカレンダー。職員室の予定表黒板をイメージしましょう。

がんばろう！ LESSON 1-26

できていますか？ 見やすい当番表

`グラフ・表` `配置`

BEFORE

必ずと言っても良いほど作ることになる当番表。毎年同じフォーマットを使い続けていませんか？ 子どもにとって使い勝手が良いものとなっているか、一度考えてみましょう。

AFTER

左の図と比べてどこが変わったでしょうか？ 間違い探しのようですが、子ども（使い手）の立場で考えてみるとずいぶん違いがあります。答えは右ページで紹介します。

THEORY | 当番表は見やすいが大前提

左ページの正解は……
＜左右の図で、役割を固定から名前を固定に変わっている＞でした。
どうしてそれで見やすくなるのか？　他にも見やすくする工夫はあるのか？　下記で詳しく解説します。

1　当番表では子どもの名前の位置を固定

子どもの名前の位置を固定にすることで、分担を確認する際に自分の名前を探す手間がひとつ減ります。これは低学年やディスレクシアの子にとっては、大きな負担が軽減する可能性があります。

名前の位置を固定

2　見やすくなるように掲示する

大人と子どもでは目線の高さが違います。当番表などの全員が毎日のように見る掲示は子どもの目線の高さに合う位置に掲示しましょう。また、掃除当番表なら掃除ロッカーのそば、給食当番表なら献立表のそばなど、使うエリアの近くにまとめて掲示するようにします。

特に低学年は、掲示位置に注意しないと見えないことがあるので要注意。

かんたん！ LESSON 1-27

今日から実践！
板書でチャート

図解　情報整理

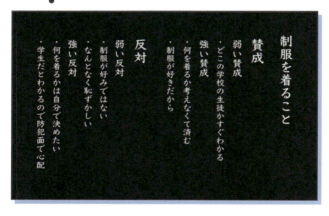

BEFORE

情報を羅列するだけでは、情報同士の関係性や、言葉にしづらい情報の説明が難しいときがあります。

AFTER

対になる2つのデータの比較に役立つ、バタフライチャートを使用した例です。ちょっとしたチャートを取り入れることで、情報同士の関係性やまとまり、全体の構造が分かりやすくなりました。

BASIC　　チャート図の種類と特徴

チャートを使うと、情報を視覚化してまとめることができるので、板書で既に使っているという先生も多いかもしれません。おたよりや掲示でも活用できるので、改めて種類や使用シーンを確認してみましょう。

[フローチャート]

順序を伝える

- 手順説明したいとき
- 行動や気持ちの変化を可視化したいとき

[Y／X／W チャート]

分類する・多面的にとらえる
Y（3観点）、X（4観点）、W（5観点）

- 取り上げる物事について分類して整理したいとき
- 感覚や感情などの視点を設けて分類したいとき

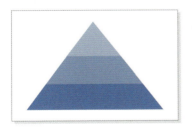

[ピラミッドチャート]

構造化する・絞り込む

- 事項を絞り込みたいとき
- 活動の進捗を可視化したいとき

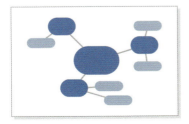

[イメージマップ]

連想する、発想を広げる

- アイディアを膨らませたいとき
- 関連性を可視化したいとき

COLUMN 02

書いて楽しい もらって嬉しい
連絡メモ

欠席、早退をした子への連絡メモ。学校によってはクラスメイトが記入をすることもあるかと思います。内容はシンプルにまとめ、書き込みやすいスペースを確保して、子どもと保護者が閲覧しやすいメモを目指しましょう。

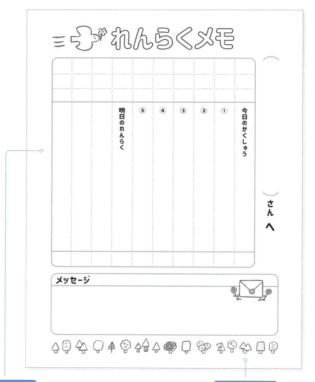

POINT-1

どの子が書き込んでも字が収まる枠を用意してあることが、読みやすくもなる秘訣。連絡帳のフォーマットを踏襲すると、低学年でも書き込みやすくなります。

POINT-2

モノクロの線画イラストを挿入しておくと、塗り絵に使えます。**元気の出るような連絡メモ**に仕上がるのでおすすめです。

PART 2

白黒でもできる
アレンジデザイン

KEY THEME

- 見たくなる
- 読みたくなる
- 役立てたくなる

を工夫する

スグできる！ LESSON 2-1

にぎやかに盛り上げる手書きのあしらい

`飾り` `イラスト`

BEFORE

事務室からのお知らせ
パソコン室に新タブレット35台導入！

集金の銀行引き落としについて

省インクご協力のお願い

AFTER

事務室からのお知らせ
パソコン室に新タブレット35台導入！

集金の銀行引き落としについて

省インクご協力のお願い

なんだか味気ない紙面。読んでもらえるように、少し賑やかにしたいところですが、イラストを挿入できるようなスペースの余裕もない……。

吹き出しや囲みなどのあしらい（装飾）を、手書きでプラスしてみました。いくつかの引き出しを自分のなかに持っておくと、板書や掲示でも使えて便利です。

74

| THEORY | 手書きのあしらいを活用する |

→ 「絵を描こう!」と思うと、ハードルが高く感じてしまうかもしれませんが、手書きのあしらいはシンプルな図形や線の組み合わせでも、十分魅力的に紙面を彩ることができます。簡単なものから気軽に挑戦してみてください。

手書きあしらい サンプル

[罫線]

● 点と線の組み合わせ

● 動きをつけた線

● 模様の繰り返し

PART 2 白黒でもできる アレンジデザイン

[集中線]

● 注目　　　　● おどろき　　　● ひらめき

[囲み線]

● ぐるっと囲み

[メモ風囲み]

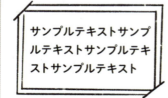

[きらきら]

● ノーマル　　● クロスミックス　　● お花ミックス

[吹き出し]

● きっちり

● ふんわり

● あえての隙間

スグできる！ LESSON 2-2

まねするだけで簡単！
ちょこっと手書きイラスト

`飾り` `イラスト`

BEFORE

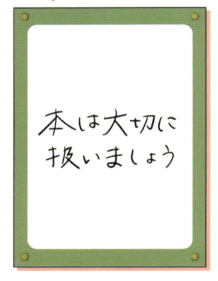

AFTER

微妙にあいたスペースがある掲示物。手書きでイラストを描く自信は無くて……。結局ぽかんとあいたままの仕上がりとなってしまいました。

簡単に描けるイラストを追加してみましょう。意味深になりづらいシンプルなモチーフや装飾をいくつか覚えておくと、シーンを選ばず使いやすくておすすめです。

THEORY | 汎用性が高い手書きイラストをプラス

ちょっとした隙間にイラストを添えるだけで、印象は変わります。ここでは、いろんなシーンで使いやすいイラストを紹介します。あしらい同様、誰でも簡単に描くコツは図形の組み合わせをイメージすることです。何回か練習すれば手が覚えてくれるので、サンプルイラストを見ながら描いてみてください。

簡単に描ける イラストサンプル

[汎用性の高いモチーフ]

● 自然

● 装飾

かんたん！ LESSON 2-3
即伝わる必殺技！アイコンの活用

`図解` `イラスト`

BEFORE

毎日えがおですごすには

はやね
夜10時から2時の間、ぐっすり眠っていると成長ホルモンが分泌されます。9時半には布団に入りましょう。

はやおき
夜しっかりねるためにも朝は早く起きましょう。6時半〜7時に起きるのが目安です。

あさごはん
朝ごはんを食べることで、脳と体がしっかり目覚めます。学校で元気に過ごすため、朝ごはんを食べてきましょう。

文字情報が多くなってしまったスライド資料。もう少しパッと直感的に伝わるものにしたいときは、どうすれば良いのでしょう？

AFTER

毎日えがおですごすには

はやね
夜10時から2時の間、ぐっすり眠っていると成長ホルモンが分泌されます。9時半には布団に入りましょう。

はやおき
夜しっかりねるためにも朝は早く起きましょう。6時半〜7時に起きるのが目安です。

あさごはん
朝ごはんを食べることで、脳と体がしっかり目覚めます。学校で元気に過ごすため、朝ごはんを食べてきましょう。

文章のテーマをアイコンに置き換えられないか検討してみましょう。見出しの前や本文の上に表示すると、本文を読まずとも内容が予想できる状態になりました。

| **THEORY** | ひとめで分かるアイコンを考える |

→ 人は文章を読み取るよりも、絵や図から意味合いを汲み取る方がずっと速くできます。アイコン（対象の形を単純化した記号）を使うことで、パッと見で分かりやすい紙面を作ることができます。

おたよりなどの紙面に限らず、アイコンは便利です。板書やワークシート、パワーポイントの資料、掲示物などの文字情報を置き換えて、文章量を減らすことができます。ぜひ積極的に活用してみてください。

PART ❷ 白黒でもできる アレンジデザイン

学校で使いやすいアイコンサンプル

[学習面で役立つアイコン]

学習 / 学習 / ひらめき / 計算
話し合い / 人 / 人（複数） / 考える
見て（視覚） / 聞いて（聴覚） / 触って（触覚） / 嗅いで（嗅覚）

[指示で役立つアイコン]

| 触らない | 話さない | 走らない | 危険 |

| 入口 | 出口 | 着替え | 上履き |

[場所を示すアイコン]

| 学校 | 自宅 | 教室 | 運動場 |

| 体育館 | プール | 階段 | トイレ |

| 図書館 | 保健室 | 音楽室 | 家庭科室 |

参考 作例

PART 2 白黒でもできる アレンジデザイン

あさがおのかんさつシート
ねん　くみ　なまえ

- みて きづいたこと
- さわって きづいたこと
- かいで きづいたこと

先生から

> **授業時の配布プリント**
> 読字が難しい子にとっても
> アイコンは心強い味方。

ろうかは **歩（ある）きましょう**

> **廊下への掲示物**
> 禁止と推奨が
> ひとめで分かるアイコンは
> 注意喚起に適しています。

> **板書**
> 板書に活用すると、省スペースで
> 情報が目立たせられて便利！

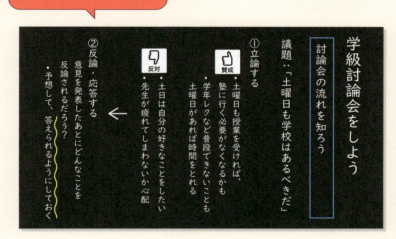

学級討論会をしよう
議題：「土曜日も学校はあるべきだ」
討論会の流れを知ろう

① 立論する
　賛成
　・土曜日も授業を受ければ、塾に行く必要がなくなるかも
　・学年レクなど普段できないことも
　・土曜日があれば時間をとれる
　反対
　・土日は自分の好きなことをしたい
　・先生が疲れてしまわないか心配

② 反論・応答する
　意見を発表したあとにどんなことを反論されるだろう？
　予想して、答えられるようにしておく

かんたん！
LESSON
2-4

使い分けよう
説明イラストと装飾イラスト

飾り　イラスト　情報整理

BEFORE

10月の栽培委員の活動

　5月から育てていたさつまいもを10月下旬に収穫します。収穫したさつまいもは、検査のあとで給食室に寄贈します。さつまいもご飯の献立の日は栽培ボランティアさんも学校へ招待する予定です。

さつまいもの収穫についてのお知らせなのに、イラストは栽培初期を連想させるものが添えてあり、文字情報とイラストに食い違いがあります。このままでは、読み手に誤解を与えかねません。

AFTER

10月の栽培委員の活動

　5月から育てていたさつまいもを10月下旬に収穫します。収穫したさつまいもは、検査のあとで給食室に寄贈します。さつまいもご飯の献立の日は栽培ボランティアさんも学校へ招待する予定です。

文字と一緒にしっかりと見せているイラストや写真などの画像は、文字情報を補足するものと捉えられる可能性が高いです。配置するときは、誤解を招く画像でないか一度確認を。

THEORY | イラストは役割ごとに使い分ける

イラストの役割は、大きく2つに分けられます。1つは「説明」もう1つは「装飾」です。説明するためのイラストは文章に添えるように配置。装飾するためのイラストは、紙面の上下などの文章とは離れた場所に配置しましょう。

● 説明として使う場のイラスト配置例

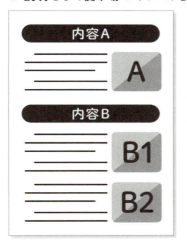

文章に添え、内容AにはイラストAが対になって見えるように配置します。

● 装飾やイメージとして使う場合のイラスト配置例

文章から少し離れた場所や背景に配置し、あくまでイメージとして伝わるようにします。

かんたん！ LESSON 2-5
特性を知っていいとこどり！手書きとデジタル融合のススメ

`文字` `飾り`

BEFORE

> 懇談会へのご参加ありがとうございました
>
> 　10月の懇談会には、お忙しいところたくさんの保護者の皆様にお集まりいただき誠にありがとうございました。前期の子どもたちの様子・学習進度・後期の主な予定についてお話させていただきました。
> 　別紙にて報告内容をまとめていますので、ご確認ください。

先生の熱意が伝わる手書きの紙面。あたたかみがあり素敵ですが、読みやすさの面ではデジタルで作った紙面に敵わないかもしれません。

> 懇談会へのご参加ありがとうございました
>
> 　10月の懇談会には、お忙しいところたくさんの保護者の皆様にお集まりいただきありがとうございました。前期の子どもたちの様子・学習進度・後期の主な予定についてお話させていただきました。
> 　別紙にて報告内容をまとめていますので、ご確認ください。

見出しだけを手書きのまま、本文はパソコン入力に変更しました。手書きの温かさとデジタルの読みやすさの良いとこどりで、読み手への配慮にもなります。

BASIC | 誘目性を意識する

意識していなくても、パッと目に飛び込んでくる。これが誘目性（視線を集める性質）のある状態です。見出しやタイトルに手書き文字を使うのは、誘目性を高めるのに効果的な方法のひとつです。ここでは誘目性を高めるいくつかの要素を紹介します。

[デジタルより手書き]

[文章よりイラスト]

[カラーの場合]

● 寒色より暖色　　　　　　　　● 薄い色より濃い色
　　　　　　　　　　　　　　　　（背景色が薄い色の場合）

これらの例では、全て右側の方がパッと目に飛び込んでくる印象があります。誘目性を高くするのに役立ててみてください。

THEORY | 手書きの特性を知って活かす

パソコンで入力された文字ほどの読みやすさを手書きで再現するには、時間と手間がかかります。一方で、誘目性の高さや書き手の個性が現れるなど、手書きならではの良さがあります。上手に使い分けをしてみましょう。

かんたん！ LESSON 2-6

こんなときもあんなときも……
イラストで速攻解決！

`イラスト` `情報整理`

BEFORE

防犯指導を行いました

　春に行った防犯指導から約半年が経ち、だんだんと防犯意識が低くなる時期です。日が短くなる季節でもあるので、下校時や帰宅後の外出では特に注意するよう子どもたちに話しました。

　「変だなと思ったら、ランドセルを投げつけて全力で逃げるように」と伝えたところ、「そんなことしていいんだ」という驚きの声がありました。非常時には普段と違う行動をする必要があります。ご家庭でも再確認をお願いします。

紙面全体が文字で埋まっていると、読み手は負担に感じます。文章を読まない限り扱っているテーマも分からないので、理解に時間がかかります。

AFTER

防犯指導を行いました

　春に行った防犯指導から約半年が経ち、だんだんと防犯意識が低くなる時期です。日が短くなる季節でもあるので、下校時や帰宅後の外出では特に注意するよう子どもたちに話しました。

　変だなと思ったらランドセルを投げつけるなど、非常時には普段と違う行動をする必要があります。ご家庭でも再確認をお願いします。

文字情報を一部イラストに置き換えてみましょう。文字数を減らせるうえ、テーマがパッと伝わってくるので、とっつきやすい印象になりました。イラストを複数配置する場合は、イラストの雰囲気が揃ったものを使うと良いでしょう。

THEORY | イラストの特性を知って役立てる

→ イラストは文章よりも脳への伝達スピードが早く、記憶にも残りやすいのが特徴です。言語に頼らない表現なので、読字を未履修の子や外国籍の子、難聴の子にも意味合いを伝えることができる利点もあります。難しいこと・目に見えないものを表現するときには誰にとっても心強い存在です。
イラストが真価を発揮するシーンを考えてみましょう。

[シーン❶ 指示を出すときに]

指示出しを声だけに頼って、喉がかれてしまった経験があるという先生も多いのではないでしょうか？ イラストを掲げれば、一斉に指示が通ります。

[シーン❷ 見えないところを見える化]

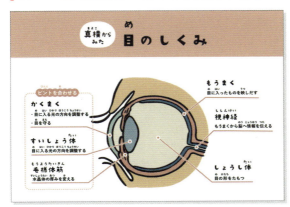

建造物のような大きなものを上から見たようすや、切ったり割ったりできないものの中身を説明するのにイラストはもってこい。学習では人体の構造を示す際に、写真だと怖いと感じてしまう子がいるところも、柔らかく提示できます。

PART ❷ 白黒でもできる アレンジデザイン

89

スグできる！ LESSON 2-7

STOP!
画像の奇妙なトリミング

`写真` `イラスト` `加工`

BEFORE

この画像、変なところで見切れていると思いませんか？ 気をつけていないと、こういったトリミング（切り抜き）は案外おこりがちです。

写真でもイラストでも、人や動物の顔が見切れる位置でのトリミングはできれば避けたいところ。他にもタブーがあるので続きのページを確認しましょう。

| THEORY | トリミングは慎重に行う |

1　トリミング位置を考慮する

何も考えずにトリミングを行うと、不快な思いをする人がでたり、誤解を招くことがあるので慎重に。避けた方が良い箇所を知っておくと安心です。

[人物の顔・首・関節の位置を考慮]

BEFORE

AFTER

顔だけをトリミングしたい場合も、バランスを見て行います。首の途中で切れてしまうのは避けましょう。複数人で写っている写真などで特に起こりやすいのでご注意を。

[余白を考慮]

BEFORE

AFTER

画像の場合も紙面同様に余白が大切です。特別な意図がない限り、余白のバランスを取った位置でトリミングしましょう。

2 トリミングするならシンプルな形で

挿入したいエリアの縦横比を確認して、適切な比率の画像を選べるとベストですが、そう上手くいかないことも多いと思います。だからといって奇抜な形で切り抜いたり、ふちがぼやぁ〜っとするぼかし加工を入れるのは控えた方が無難です。

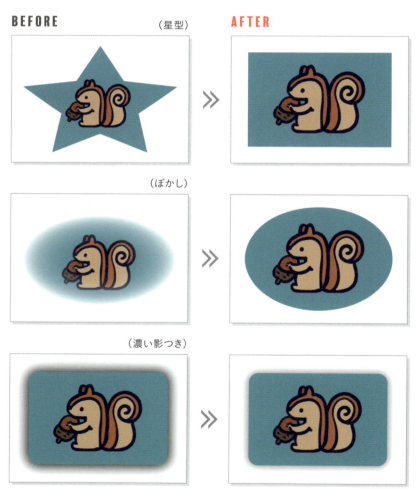

トリミングの形状やエフェクトが、写真よりも目立ってしまわないように気をつけましょう。

3 注目箇所を中央に

伝えたい内容が真ん中に来るようにしたり、不要な映り込み部分をカットしたりすることで、画像の分かりやすさが変わります。うまく役立ててみましょう。

BEFORE

AFTER

左の写真はたくさん玉が入っている様子に注目したもの。右は頑張っている子どもの様子を取り上げたものです。元の画像が同じでも、トリミングの位置によって意味合いや印象を変えることができます。

CHECK
子どもの顔写真を扱う場合には、配慮が必要です。
顔と名前が一致しないようにする、そもそも顔が映りこまないようにするなど、線引きはさまざまです。また、おたより等への
掲載可否についても事前に学校ごとのルールを確認しましょう。

スグできる！ LESSON 2-8
事前のチェックが肝心！
規約を守ったイラスト活用

`イラスト` `加工`

BEFORE

AFTER

こんな風に配置したいスペースに合わせて、イラストや写真を変形してしまっていませんか？　変形すると、何のイラストかが分かりにくくなるだけでなく、自身で作ったイラストでない限り、権利の侵害につながることも……。

イラストは使用前に必ず利用規約を確認し、変形などの加工の可否を確かめたうえで使用しましょう。また、加工がOKでもイラスト本来の姿を大きく変えるのは避け、まずはイラストのサイズ変更か、配置を変えてうまく収まる方法を考えます。それでもダメな場合は適切な位置でトリミングするか、イラスト自体の変更を検討してみては。

 BERORE のイラストに入っているような透かし（ウォーターマーク）は、不正使用や改ざんを防ぐ目的で入れられています。透かし入りの画像を持っているということは、正式な入手法を辿っていない証。基本的に勝手にダウンロードしたり使用してはいけません。

THEORY　イラストの印象を極端に変えない

自身で作ったイラストでない限り、イラストは改変しないのが基本です。勝手な改変は著作権を侵害してしまうことがあります。変形されることも想定内である装飾用の素材や、WordやPowerPointの描画ツールを使った図形や矢印などとは扱いが異なるので気をつけましょう。

[注意したいイラストの取り扱い]

● 変形

● 加工

（元のイラスト）

作者が意図していなかった見え方にならないように心掛けます。

BASIC　利用規約をきちんと確認する

イラストには必ず利用規約というものが存在し、そこには利用に関するルールや、著作権者の持つ権利の詳細が記載されています。イラストデータの入手法はさまざまですが、それぞれに利用規約が定められており、規約に反した使い方をすると罰則が課せられることもあります。よく確認して、違反することがないように注意しましょう。

教職員がイラストを使いたい場合、主に①どこで②どんな目的で③どのように扱うかによってそのイラストを使って良いかどうかの可否が決まります。例えば、印刷物への使用はOKでも、WEB上の掲載はNGということがあります。また、許可されていないトリミングや、見え方が変わってしまう過度な加工が問題になることも。規約を読んでも使用の可否に不安が残る場合は、問い合わせをして許諾を確認。それが難しい場合は使用を控えるのがベターです。

スグできる！ LESSON 2-9
囲んで目立たせる 掲示物の注目ポイント

`バランス` `情報整理`

BEFORE

大切なお知らせ

尿検査の提出締め切りは
〇月〇日です。

期限をすぎると
個別に提出が必要です。
締め切り厳守でお願いします。

提出先：――――――

他の配布物に埋もれ、全然目立たない「大切なお知らせ」。受け取ってもらわないと困る情報は適切に目立たせ、情報を届ける努力をしましょう。

AFTER

大切なお知らせ

┌─────────────┐
│ 尿検査の提出締め切りは │
│ 〇月〇日です。   │
└─────────────┘

期限をすぎると
個別に提出が必要です。
締め切り厳守でお願いします。

提出先：――――――

フレームに情報を収めると、一気に誘目性が高まります。情報の優先順位が高いものは、フレームを使って目立たせてみましょう。

THEORY | フレームや吹き出しで注目を集める

→ フレームには、囲んだ対象をグループ化して見せたり強調したりする効果があります。見た目のメリハリやアクセントにもなるので、注目させたい箇所に絞って効果的に使いましょう。

ただ文字を載せるだけよりも、囲みがあることで目をひくようになります。

THEORY | 掲示場所を整える

→ 校内では、「前任の先生がせっかく作ってくれたから…」「剥がして良いか分からないから」といった理由で情報が停滞しがちです。古くなった情報はトラブルの元。タイミングを決めて見直しましょう。

掲示物を目立たせるには、掲示場所の整理・工夫もひとつの手段です。

かんたん！ LESSON 2-10
飾り罫は"控えめ"セレクトが正解◎

`飾り` `イラスト`

特に低学年向けのおたよりでよく見かける、ゴテゴテの飾り罫。ここぞというときには頼りになる存在ですが、肝心の内容に目が行きにくいのが残念なところ。

主張を抑えた飾り罫に変えてみました。文章の意味内容を補足したいときは、罫線とは別にワンポイントでイラスト載せてみましょう。保護者向けの内容のときには、これくらいシンプルなものが適しています。

THEORY　バランスの良い飾り罫選び

1　装飾の度合いを使い分ける

飾り罫とは、特定の模様を連続して作った罫線のことを指します。飾り罫を四角い形にした囲みも飾り罫に含まれます。モチーフや柄の複雑さなどはさまざまですが、内容やテンションにあったものを選びましょう。

[飾り罫の例]

● シンプル

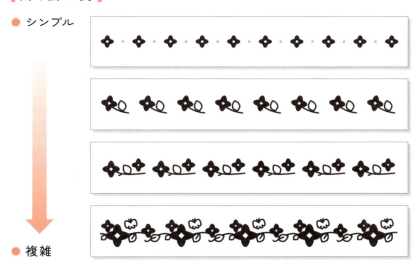

● 複雑

いろいろな種類がありますが、上から2つ目までくらいのシンプルさのものを選ぶと、文章の妨げにならず見やすい印象です。

2　意味の説明はイラストや写真で表現する

飾り罫で文章の意味合いを補足しようとすると、どうしてもイラスト感の強い、ゴテゴテのデザインを選択することになってしまいます。意味の補足はイラストカット（独立したイラスト）や写真に任せ、飾り罫は罫線としての機能や雰囲気の演出を重視して選びましょう。罫線をただの区切りとして使う場合は二重線や波線でも十分です。

COLUMN 03

見やすく便利な
座席表

座席表は子どもが把握しやすいように、黒板や出入り口などの目印となるものをきちんと記載して作るのがオススメです。頻繁に行われる席替えに備えて雛形を作っておけば、教科担任との情報共有もスムーズに行えます。

POINT-1

教卓や黒板の場所もきちんと掲載すると、教室の前後が分かりやすくなり、迷ってしまう子が減ります。先生用に前後を逆にした、"先生から見た版"も用意しておくと便利です。

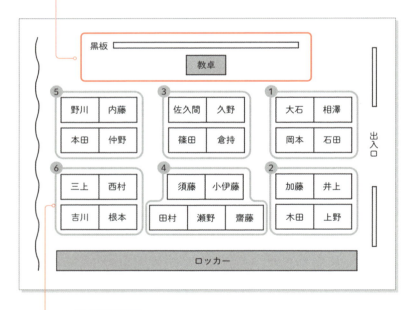

POINT-2

班の分かれ方に囲みをつけるか番号をふっておきましょう。所属班をあらかじめ確認でき、班活動がスムーズにスタートできます。

PART 3

白黒+カラー使いの基本

KEY THEME

- 見やすさ
- 読みやすさ
- 分かりやすさ
  をワンランクアップ
  させる

がんばろう！ LESSON 3-1

＋1色で十分！
情報を際立たせるカラー使い

色　飾り

BEFORE

色とりどりの紙面は華やかで目をひく反面、色に気を取られて情報が読み手の頭に入りにくくなるという欠点があります。

AFTER

WEB配布するお便りは、自由に色を使えるのが良いところ。とはいえ、色もひとつの情報ととらえ、むやみに色数を増やすのは控えましょう。ここでは黒＋水色を使用しました。黒の他に使う色を1色に絞ると、垢抜けた印象になり、見やすさも格段に向上しました。

| THEORY | 黒＋1色までで仕上げる |

1 まずは白黒だけで成り立つように作る

まずは黒一色でもデザインが成立するように作ります。成立というのは、きちんと優先度の高い情報から目に入るように紙面を構成することです。

文字に記号やあしらいを追加するほか、座布団と呼ばれる文字の背景に色を敷く方法を使ってみるなど、案外黒だけでもアレンジができます。黒の階調（色の濃淡で表現できるもの）であるグレーを使うと、より幅が広がります。

黒だけでできる見出しデザイン

上下にラインでスタイリッシュに

＊先頭と末尾に記号を添えて華やかに＊

背景色と文字色を反転でおしゃれに

囲みを追加で注目度アップ

ちょっとしたあしらいは、黒の濃淡をつけるだけでも変化がうまれます。

2 添えるカラーは淡い色を選ぶ

強調したいところにポイントを絞り、他の色を追加してみましょう。ハイライトをひくなど、少ない色数でも分かりやすく仕上がります。

黒に添える色のおすすめは、暖色系のパステルカラー（原色に白が混じった淡い色）です。文字色と明度（p.109参照）に差をつけておけば、重ねて使ってもOK。仮にこのカラー版で作ったデータを白黒印刷しても、見えにくくはなりません。

＋1色でできる見出しデザイン

三角のカラーカギ括弧で可愛く

カラーハイライトでカジュアルに

お団子座布団 で楽しげに

濃淡の差でまとまりよく

黒の文字色に部分的に色を足すことでバランス良くまとまります。黒以外のカラーで変化をつけたいときは、明度差をつけて工夫してみましょう。

参考
作例

子どもへの配布物
濃淡だけでも
メリハリはつけられます。

板書
板書の本文では白か
黄色を使うと誰にとっても
見やすくなります。

PART ❸ 白黒＋カラー使いの基本

まぼろしの木

世界のどこかに生えているまぼろしの木を想ぞうしてかいてみよう

 画用紙に大きくおさまるように注意して下絵をかこう

①先っちょ持ちで、うす〜くアタリをつける
②大きいところから下絵をかき進める

アタリ
大まかないちどりや大きさを決めるのに使う絵の下じゅんびの線

  よいお手本
・用紙いっぱいに木がかけている

  わるいお手本
・用紙の上のほうがたくさんあまっている

がんばろう！
LESSON
3-2

＋2色使いで
メリハリと意味付けを

`色` `情報整理`

手作りの掲示物、ワンパターンになっていませんか？　使う色を統一するのはとっても良いことですが、少しアレンジして目立たせたり情報を整理したいときもありますよね。

2色を使ったアレンジは、華やかに見せたいときにおすすめです。この作例では「短所と長所」という内容の対比をカラーで区別することもできています。パッと見で楽しそうな雰囲気が増すので、足を止めてくれる子も増えそうです。

| THEORY | ＋2色使いは計画的に |

1　メリハリがつく色選び

場当たり的に色を選ぶと、上手くまとまりにくいので、使う色はあらかじめ決めておきましょう。文字の色をベース（黒または黒に似た濃いめの色）としたら、合わせる色の内、1色は明るい色、1色は濃い色の中からテーマにあった色を選ぶと使いやすいです。

[おすすめの2色セット]

● オレンジと水色　　　● 黄色と青　　　● ピンクと濃い緑

2　適材適所の色使い

選んだ色は、タイトルや文字の背景色、強調線（ハイライト）、アイコンなどに使ってみましょう。本文などの小さな文字の色を変えるのは、色も文字も視認しづらくなるのであまりおすすめできません。

[配色に意味を持たせた例]

色を効果的に使ったアンケートの掲示物の例です。ネコ派はピンクの文字色とシール、イヌ派は緑の文字色とシールと、リンクさせることで2色が対比になるように表現できています。このように色は区別、整理するときに意味を持たせて活用することもできます。

PART 3　白黒＋カラー使いの基本

がんばろう! LESSON 3-3

複数色使いでも まとまりよくデザインする

色

にぎやかな雰囲気を出したくて、とにかくカラフルにしてみたら……、なんだか目がチカチカして、落ち着きのない印象になってしまいました。

同程度の明度と彩度の色に絞るだけでもずいぶん洗練された印象になりました。使う色は彩度が高すぎない色を使うのがおすすめです。色の属性を表すキーワードは右のページで確認しましょう。

BASIC | 色に関する基礎知識

→ 色は、色相・明度・彩度と呼ばれる「色の3属性」の指定で、色そのものや色調が決まります。

[色相とは]

色合い、色の様相のこと。下図は色相環（しきそうかん）と呼ばれる、色相が近い順に円状に並べた図です。色相環で正反対にある色が補色にあたります。

[色調（トーン）とは]

色の調子を明度と彩度のバランスで表したもの。彩度が高いほどビビッドなトーンになり、明度も上がるとやわらかいペールトンになります。逆に彩度と明度が低くなると、ダークトーンになります。

[明度・彩度とは]

それぞれ、色の明るさと鮮やかさを指す指標です。明度が高いほど明るく、彩度が高いほど色鮮やかになります。

[まとまる色の組み合わせ例]

同じトーンの色を組み合わせると、自然とまとまりがうまれます。他にも、似た色合い（近似色）でまとめたり、あえて真逆の色相（補色）を選べば互いの色を引き立て合うこともできます。

● 同じトーン　　● 近似色　　● 補色

PART 3 白黒＋カラー使いの基本

かんたん！ LESSON 3-4
みんなに伝わる カラーユニバーサルなデザイン

`色` `バランス`

頑張って作った掲示。実は「よく見えない……。」と感じている人がいるかもしれません。

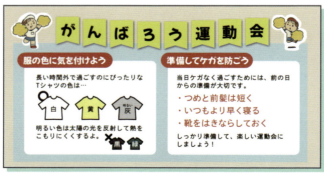

文字を読みやすくするために、背景色と文字色の関係は重要です。読みやすさを考慮すると、特に長文では文字は暗い色、背景は明るい色を選ぶのが良いでしょう。

BASIC | カラーユニバーサルデザインを意識する

カラーユニバーサルデザインとは、多くの人が平等に情報を受け取れるように色使いを考慮することです。色の見え方には個人差があり、色覚特性や場所の明るさによって判別しづらいことがあります。このような不便を解決するための配慮です。ガイドラインを出している自治体もあるので、チェックしてみましょう。ここではすぐに取り入れられる工夫を紹介します。

THEORY | 取り入れやすいデザインのポイント

1 意味を説明するときは色＋○○で

色だけの情報に頼ると、色の見分けがつかない場合にその意味が伝わらなくなってしまいます。言葉、柄、形などの要素を併用するようにしましょう。

[色＋文字の例]

BEFORE　　　　　　　　　　　　　**AFTER**

色の指定を、色＋文字で表しました。後ろの色が淡い色なので文字色は黒にして、読みやすいように明度差をつけています。

[色＋文字＋形の例]

BEFORE　　　　　　　　　　　　　**AFTER**

色＋文字に加え、形も変えることで、並んだ2つが別のものを指しているのが伝わりやすくなりました。

2 明度差をつけた色選び

色覚特性のある方が識別しづらいと感じる代表的な色は、赤と緑と言われていますが、色の識別には明度差も重要です。全ての見分けにくい色の組み合わせを覚えきるのは難しいので、まずは明度差を意識して色選びをすると良いでしょう。

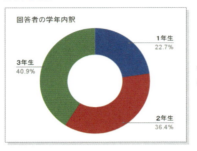
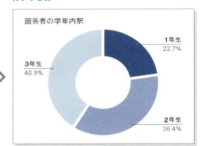

3色使っていたグラフから、青色の明度差だけで違いを出したものに変更しました。色の境界が誰にでも見やすいように、境界線をひくのも良いでしょう。

3 背景色との組み合わせに配慮する

背景に対して読みやすい文字にするのにも、色の明度差が必要です。中明度の色を背景色に選ぶと、文字色との明度差がつきづらくなります。中明度の色は背景には使わないことを覚えておきましょう。

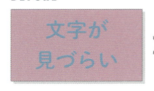
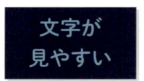

同じ文字色でも、背景色によって見やすさが違います。

4 色の面積を広くする

色の面積が狭ければ狭いほど、何色なのかの視認は難しくなります。狭い面積に使う場合は高彩度の色を選ぶ、低彩度の色は面積を広くとるなどの工夫をしましょう。

参考作例

校内での掲示物
熱中症の危険度を示すときは、色だけに頼らず、イラストも工夫してみましょう。

スライド資料
スクリーンに写すものは色がボヤけやすいので、はっきりした色使いを心がけましょう！

PART 3 白黒＋カラー使いの基本

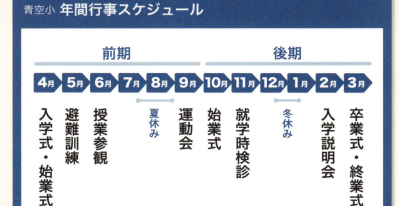

かんたん！ LESSON 3-5
データまとめは内容にあったグラフ選びから
グラフ・表

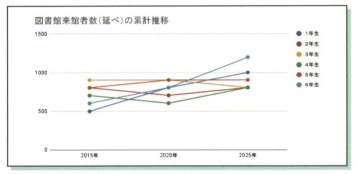

累計のグラフなのに、累計人数を計算しないと分からない状態です。これではグラフを掲載している意味がありません。

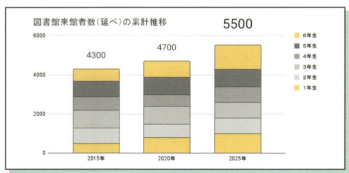

何を伝えたいのか考えてからグラフを生成し、グラフができたら伝わるグラフになっているのかを確認！ 累計がひとめで分かり、増加の要因が1年生と6年生にあることが見て取れるようになりました◎

| THEORY | 適切なグラフを選ぶ |

グラフにはいろいろ種類がありますが、伝えたい情報に対して適切なグラフ選びをすることがかかせません。改めてグラフの種類と特性を把握するとともに、使えるシーンを想像してみましょう。

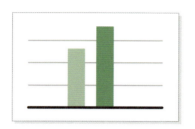

[棒グラフ]

変化や差を伝える

- 年間欠席者数の変化
- 文化祭の出し物の人気投票
- 部活ごとの所属者数

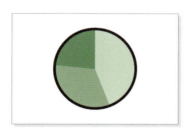

[円グラフ]

内訳を伝える

- 保健室の来室理由
- 放課後の過ごし方調査
- 月ごとの図書館利用者の割合

[折れ線グラフ]

変遷を伝える

- 児童生徒数の変遷
- 夏休み中の気温測定
- プールの利用者数

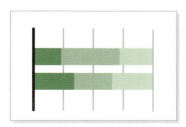

[帯グラフ]

内訳の変化を伝える

- 苦手教科のアンケート結果
- 1日のインターネット使用時間調査
- 年ごとの肉と魚どちらが好きかのアンケート

がんばろう！ LESSON 3-6
グラフや表は読み取りやすさが要！
グラフ・表

BEFORE

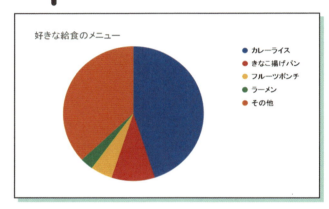

Excelなどのソフトの機能を使って作ったグラフ。そのままでも、グラフが無いよりは良いのですが……、伝えたいことをアピールするグラフにするには、どうしたら良いのでしょうか？

AFTER

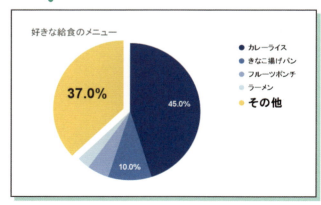

注目して欲しい情報が目立つように、ほかの情報との見え方に差をつけました。ひとめで注目してほしい項目が分かります。

THEORY　伝えたいところを強調する

1　強調のテクニックを知る

重要項目を目立たせることで自然とそこへ目がいくようになり、読み取りやすいと感じてもらえるようになります。目立たせるためのテクニックには、大きくする・位置をずらす・要素の追加・色や柄を変えるなどがあります。

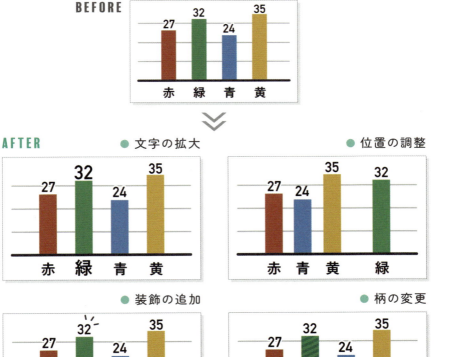

BERORE のよくある棒グラフでは、情報の違いが分かりずらく感じられます。対して AFTER では緑色の項目に自然と目がいくようになりました。使いやすいテクニックを覚えておくと便利です。

2 主張をおさえるテクニックを併用する

注目して欲しい内容以外には、目立たせたときと逆の処理をして、主張を抑えるという技もあります。強調テクニックと併用することで、より情報を際立たせることができます。

ただ青を強調するだけの場合から、青以外を目立たないようにグレーにして、文字サイズも小さくしました。より青が重要なことが素早く分かります。

参考 作例

半期の行事予定表
表の罫線や色は薄めにして、表の存在感を抑えることで内容を目立たせています。

保健室からの掲示物
注目してほしいポイントの色を変えて強調しています。

がんばろう！
LESSON
3-7

インパクト大な
オブジェクトの匙加減

[飾り] [図解]

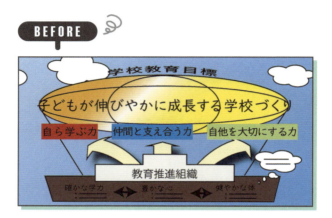

気合いを入れて作ったものにありがちな、内容に合わせて無理やり追加したオブジェクト。図解を兼ねて作ったオブジェクトが、奇抜すぎる色と形状で悪目立ちしています。

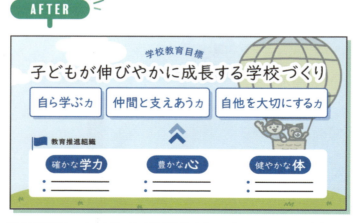

まずは何が重要なのか、主役である情報を際立たせるためのバランスを考慮しましょう。イメージとして取り入れたい要素は、あしらいとして引き立て役にするこも考えましょう。

| **THEORY** | **オブジェクトの主張はおさえる** |

1 変な加工をしない

オブジェクト（視覚的な要素になる画像や図形など）が強くなり過ぎると、肝心な情報が目立たなくなります。特に Word や PowerPoint で作成できるオブジェクトの初期設定は角張っていたり、図形の塗りつぶしや枠線に色がついていたりするので、まずはシンプルなものに変更を。また、図形を無理やり拡大縮小するといびつになり、アンバランスな印象を与えてしまいます。

● 吹き出しや矢印を使うとき

BEFORE　　　　　**AFTER**

無理に拡大縮小をして変形するのは NG。思い通りの形がない場合は、三角形＋長方形で矢印を作るなど、オブジェクトを自作しましょう。

● 図形を使うとき

BEFORE　　　　　**AFTER**

背景の色になじませる、または枠線のみ色付きにしてみると存在感が抑えられます。また、図形の角に丸みをつけるだけでも印象は変わります。

2 背景にするものは特に主張をおさえる

左ページの気球のように、あくまで背景の要素とできるものは、透明度を上げて主張を抑えましょう。その際に上に載せる文字や囲みとの色のコントラストがしっかりつくようにするのがポイントです。

スグできる！
LESSON
3-8

センス良く、読みやすく♪
統一デザインのルール

文字 バランス 色

BEFORE

AFTER

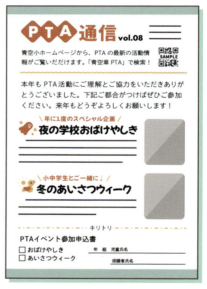

デザインがコロコロ変わることは、読み手にストレスを与えてしまうことがあります。色によっても読みやすさは変わるので、安易に色を変更するのは避けましょう。

内容に合わせて変化をつけたい場合は、見出しの文字部分のデザインは統一して、イラストやアイコン、飾り罫を添えるなどの工夫をするのがおすすめです。

THEORY | **見出しや本文のデザインは統一する**

ついついやってしまいがちなのが、内容に合わせて文字のデザインを変えること。読みやすさはデザインで左右されるので、極力統一するのがオススメです。どうしても意味合いを付け加えたいときは、文字以外の部分でアレンジできないか検討してみましょう。

BEFORE

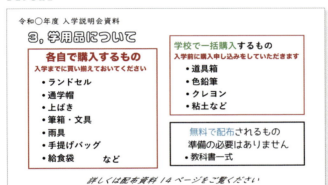

AFTER

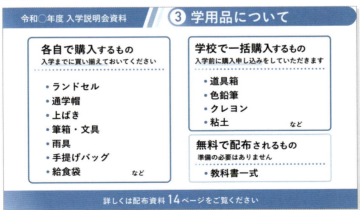

項目ごとにフォントや文字色を変えるのはやめましょう。情報の種類を整理して、統一感を持たせることがポイントです。

がんばろう！ LESSON 3-9

見やすさは大丈夫？
要素の重ね技には要注意！

写真　イラスト　色

BEFORE

白黒印刷すると

スペースの節約のためか、文字の後ろに配置されたイラストが……。おたよりなどで、こんなデザインを案外目にすることはありませんか？　このままでは、文字もイラストも見えづらい状態です。

AFTER

白黒印刷すると

イラストは文字に重ならない場所に配置するのが基本です。どうしても重ねたい場合は色の薄いものを選ぶか、イラストの透明度を上げるなどして背景の主張を抑えます。文字の可読性が保たれているかも確認しましょう。

THEORY | イラストと文字は重ねない

→ どんなに工夫しても、イラストと文字が重なると見えづらくなりがちです。レイアウトや要素の変更で見やすくなる手段を検討しましょう！

BEFORE

3月24日に行われた修了式では、各学年の代表児童が校長先生から通知表を受け取りました。ご家庭でも今年度の成長を褒めてあげてください。

AFTER

● トリミングして添える

3月24日に行われた修了式では、各学年の代表児童が校長先生から通知表を受け取りました。ご家庭でも今年度の成長を褒めてあげてください。

● フレームに変更 / ● 別のイラストに変更

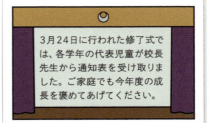

3月24日に行われた修了式では、各学年の代表児童が校長先生から通知表を受け取りました。ご家庭でも今年度の成長を褒めてあげてください。

3月24日に行われた修了式では、各学年の代表児童が校長先生から通知表を受け取りました。ご家庭でも今年度の成長を褒めてあげてください。

何を組み合わせるのか、アイディア次第で見やすさは大きく変わります。

PART 3　白黒＋カラー使いの基本

COLUMN 04
知っておきたい
画像と解像度のはなし

パソコンの画面で見ていたときはきれいだった写真やイラストを、プリンターで印刷してみると、なぜか荒れた状態になった経験はありませんか？これには画像の取り扱い方や解像度が関係しています。

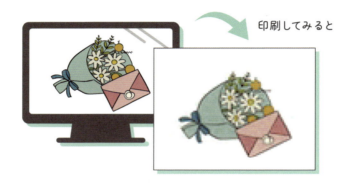

印刷してみると

● **画像について**

画像（写真やイラストのデータ）には、ラスター形式とベクター形式の2つの形式があります。ラスター形式はたくさんの正方形を敷き詰めることで表現されたデータです。写真やイラストのファイル名の拡張子が下の表にあるものは、ラスター形式の画像となります。一方、ベクター形式は数値や計算式で処理をされたデータで、主にIllustratorで作成されたAi形式のイラストなどが該当します。

形式	ファイルの拡張子	特徴
JPEG形式	.jpg	データ容量を抑え目にできる
PNG形式	.png	背景を透過できる
TIFF形式	.tif	画質がきれいな分、データサイズが大きい

目にする機会の多いJPEG形式はラスター形式のひとつで、デジカメで撮影した画像などは、このラスター形式になります。

● 解像度について

ラスター形式の画像の特徴として、拡大するとどんどんぼやけて荒い状態になることがあげられます。これには解像度が関係しています。解像度とは、一定の範囲をいくつのドットで分けて表示しているかを示す言葉です。一般的には1インチをいくつに分けるかを指すことが多く、この場合の単位は dpi（dot per inch）です。

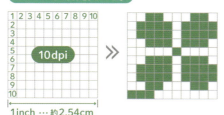

10dpi の解像度で作られたクローバーのイラスト。画面上で画像を拡大してみると、このように正方形が敷き詰められているのが分かります。

● 解像度による見え方の違い

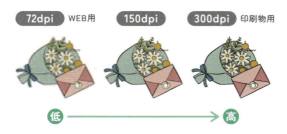

左図はひとつのイラストをサイズは変えずに解像度だけ変更して印刷したときの例です。解像度が高いほど滑らかできれいに見えます。モニター画面で表示するだけなら 72dpi、印刷するなら 150dpi ～ 350dpi くらいの解像度の画像を用意すると安心です。

● 画像の取り扱いについて

解像度の変更には Photoshop などの専用のソフトが必要です。学校現場では紙に印刷するシーンもまだまだ多いなかで、きちんとした配布物、掲示物、資料を作成するためにも画像の取り扱い方を見直して、解像度不足を補いましょう。

画像の取扱い見直しポイント

- 画像の解像度を確認して、印刷に耐えられるものを用意する
- 元の画像のサイズから拡大していいのは1.5倍くらいまで
- 荒い画像は、小さくして使う（縮小する）と、比較的滑らかな状態に見える
- 自身で撮影する写真の場合は、あらかじめデジカメの解像度を調整しておく

megkmit ［めぐみっと］

多摩美術大学卒。企業のデザイナーを経て教員へ。視覚支援の大切さを実感し、デザイナーとして独立。ユニバーサルデザインの工夫を詰め込んだ"子どもに伝わる・寄り添う制作物"を発信。SNSフォロワー3万人超。

著書に『UDフォントで見やすい！　かわいい教室掲示＆プリント500』『特別支援教育　授業に使える！「できた！」が増える！　絵カード＆教室掲示300』（学陽書房）がある。

[ホームページ]

megkmit.com

[インスタグラム]

@megkmit_gakko.illust

教職員の制作物をアップデートする
白黒でも伝わるデザイン

2025年3月10日　初版第1刷発行

著　者	megkmit
発行者	鈴木宣昭
発行所	学事出版株式会社
	〒101-0051　東京都千代田区神田神保町1-2-5
	TEL：03-3518-9655
	URL：https://www.gakuji.co.jp
編集担当	喜田千裕
装丁・デザイン	佐々木麗奈
印刷・製本	精文堂印刷株式会社

©megkmit 2025,Printed in Japan.
乱丁・落丁本はお取り替えいたします。
本書の一部または全部を著作権法の定める範囲を超え、無断で複写・複製、転載、テープ化、ファイル化することを禁じます。

ISBN 978-4-7619-3053-0　　C3037